# HISTOIRE

## DE

# BURES-EN-BRAY.

Neufchâtel. — Imp. Th. Duval.

# HISTOIRE

DE

# BURES-EN-BRAY

## Par l'Abbé J.-E. DECORDE

(Ancien Curé de la paroisse),

MEMBRE DE L'INSTITUT DES PROVINCES ET DE DIVERSES SOCIÉTÉS
SAVANTES, FRANÇAISES ET ÉTRANGÈRES.

A PARIS,

Chez DERACHE, Libraire, rue
Montmartre, 18.

A ROUEN,

Chez LE BRUMENT, Libraire,
rue Jeanne-d'Arc, 11.

1872.

On l'a souvent dit et répété, depuis quelques années surtout : le meilleur moyen d'arriver à la publication d'une bonne histoire générale , c'est d'encourager les hommes studieux à publier de consciencieuses monographies, à feuilleter avec patience non-seulement les anciennes chroniques, mais encore les archives locales, pour y puiser des rensignements exacts et inédits, dans lesquels viendront plus tard butiner les historiens pour former un ensemble de ce que nos annales de province offrent de plus intéressant au point de vue général.

C'est cette pensée qui nous a porté à publier l'histoire du petit coin de la Normandie que nous avons habité pendant trente-quatre ans. Une partie de nos lecteurs trouvera peut-être que nous aurions pu omettre quelques détails ; mais nous avons cru devoir entrer dans ces détails, pour nous conformer à la *Lettre-Circulaire* de Monseigneur le cardinal-archevêque de Rouen (avril 1864), prescrivant à chaque curé de consigner sur un registre spécial (*Annales de la paroisse*) tout fait qui « paraîtra digne de remarque. »

Les principales sources auxquelles nous avons puisé sont :

*Archives de l'église et de la mairie de Bures ;*
*Archives de l'église et du château de Mesnières ;*
*Archives de la préfecture ;*
*Histoire de Bolbec,* par GUILMETH ;
*Histoire de l'arrondissement de Dieppe,* par le même ;

*Histoire de l'arrondissement de Neufchâtel,* par le même ;
*Description de la Haute-Normandie,* par DUPLESSIS ;
*Histoire de Dieppe,* par L. VITET ;
*Notre-Dame-de-Noyon,* par le même ;
*Histoire du château d'Arques,* par le même ;
*Histoire de la ville de Rouen,* par FARIN ;
*Anastasis Childerici I,* J.-J. CHIFLETIO ;
*Revue de Rouen ;*
*Dictionnaire de théologie,* par BERGIER ;
*Annales des Cauchois,* par J. HOUEL ;
*Regestrum Visitationum* Odonis Rigaud ;
*Histoire de Normandie,* par Orderic VITAL ;
*Histoire abrégée de Normandie,* par TIBEL DE MONTMIREL ;
*Histoire générale de Normandie,* par DUMOULIN ;
*La Ville d'Eu,* par Désiré LE BEUF ;
*The Record of the House of Gournay,* by D. GURNEY ;
*Histoire des Normands ;*
*Catalogue de la Bibliothèque poétique,* par VIOLLET-LEDUC ;
*Recueil des historiens des Gaules ;*
*Essais historiques sur les Bardes ;*
*Mémoires chronologiques pour servir à l'histoire de Dieppe ;*
*Histoire abrégée et chronologique de Dieppe,* m** ;
*Histoire de Neufchâtel,* m** ;
*Essai sur la Seine Inférieure,* par NOEL ;
*Lettres missives de Henri IV ;*
*Recueil de chants historiques français ;*
*Mémoires de la Société d'émulation d'Abbeville ;*
*Mémoires de la Société des Antiquaires de Picardie.*

# BURES.

A huit kilomètres de Londinières, après avoir traversé la forêt du Hellet, on aperçoit dans la vallée un petit bourg de 422 habitants, pittoresquement situé sur les bords de la Béthune, se continuant en amphithéâtre sur le versant opposé, et couronné par plusieurs bois jetés çà et là sur les coteaux qui le séparent du vallon voisin. Le plus grand nombre des maisons s'alignent sur les bords d'une large rue qui part de la rivière, passe auprès de l'église, dont le clocher montre sa longue flèche au milieu des arbres, et se dirige vers un calvaire placé devant l'école. A droite et à gauche, de vastes herbages servent à l'engraissement des bœufs destinés à la boucherie, et à la nourriture des vaches dont le lait produit un beurre exquis et des fromages renommés, connus sous le nom de *bondons de Neufchâtel*. Ce petit bourg, à l'entrée duquel on trouve une gare du chemin de fer de Dieppe à Paris, c'est Bures.

Tout porte à croire que cette bourgade fut autrefois un lieu fort important. Son ancien manoir, ses vieilles maisons, son église, l'usage de la faire figurer en gros caractères sur les cartes géographiques (1), tout semble attester cette ancienne importance, à part toute recherche historique.

Avant d'entrer dans les détails sérieux, qu'on nous permette de rapporter une anecdote qui fit rendre à cette commune son ancien titre de bourg.

En 1825 ou 1826, le père G..... engraissait un porc : or, comme le pauvre animal était tourmenté par un grand nombre de vermines parasites, savez-vous à quel moyen le bonhomme eut recours pour l'en débarrasser ? Il fit sortir le pourceau de l'étable et mit le feu à la litière. Si le moyen était expéditif, on ne saurait dire qu'il fut prudent. En effet, au bout de quelques instants, il n'y avait plus de vermines ; mais aussi il n'y avait plus d'étable, et l'on mettait tout en œuvre pour préserver le pays d'un incendie général (2) ! C'est à la suite

(1) C'est cet usage qui a  ti.  ˙nc le pays un grand nombre de Prussiens au moment de la guerr  70-1871. Hélas ! Bures figurait aussi en majuscules sur leurs car  .ous parlerons de leur conduite un peu plus loin.

(2) Deux autres incendies eurent lieu à Bures dans ces derniers temps. Au mois de novembre 1856, un bâtiment à usage de grange et de cellier, apparte ant à M Germain Guian, fut la proie des flammes. Le dommage fut éval e a 16,00 francs. Le 25 avril 186 , un nouveau sinistre réduisit en cendres le même corps de bâtiment, qui avait été réédifié et assuré

de cet événement que, sur la demande de plusieurs habitants de Bures, fut rendue une ordonnance royale qui défendit de couvrir en chaume les maisons et autres bâtiments de la rue du *Bourg-de-Bures*.

Une idée à peu près semblable amena l'incendie de la ville de Bolbec, le 14 juillet 1765. Pendant que les catholiques étaient réunis, le dimanche, à l'église, un protestant tuait un porc et s'enfermait pour le brûler ; le feu prit à la maison du boucher, et, en moins de deux heures, neuf cents maisons furent consumées et trois mille personnes plongées dans la plus affreuse misère.

Au commencement de ce siècle, la grande rue de Bures n'était qu'une profonde cavée sur les bords de laquelle étaient plantés des arbres qui cachaient le devant des maisons. Cette cavée était si profonde, surtout au-dessus de l'église, qu'un chariot chargé de foin atteignait à peine le haut des bords du chemin. C'est Adrien Carrel, mort en 1822, qui a donné l'idée de remplir cette espèce de ravin, et qui a commencé le travail, auquel il s'est livré avec une louable persévérance. D'après un arrêt du parlement de Rouen (17 août 1752), il y avait déjà eu ordre du procureur du

contre l'incendie. Les auteurs de ce double incendie n'ont jamais été connus. Les habitants de Bures ayant été accusés d'avoir montré peu d'empressement à combattre le fléau, il s'ensuivit une polémique assez acerbe entre le capitaine de la compagnie des sapeurs-pompiers de Neufchâtel et le curé de la paroisse. Le *Dernier mot* de ce pasteur défendant son troupeau fut signalé par la *Revue anecdotique* (de Paris), qui lui décerna cette mention : « Il y a l'étoffe d'un polémiste dans ce curé de village. »

roi d'Arques d'arracher et vendre, au proût de l'église, les arbres de la rue de Bures, *qui nuisoient au charroi*. Le 28 octobre 1781, les habitants de Bures adressèrent une réclamation à l'intendant de la Généralité de Rouen, dans le but de faire remplir cette cavée et *de la faire paver en grez* ; mais cette réclamation resta sans effet.

La *Grande-Rue* actuelle de Bures porte ce nom depuis longtemps, car nous avons lu un acte de 1413 dans lequel il est question du fief *d'vn lieu assis au bourgage de Bures, qvi jovxtoit* (touchait) *d'vn boult a la grant rue, et d'vn boult a la rue de dessoubs le moustier*.

La première fois que nous voyons Bures figurer dans l'histoire, nous sommes en 1058. Alors on était dans une année de calme ; la plus formidable coalition qui eût jamais été formée contre la Normandie avait été vaincue à Mortemer ; Guillaume II, 7ᵉ duc des Normands, avait profité de cette victoire pour obliger Henri Iᵉʳ, roi de France, à lui abandonner toutes les conquêtes qu'il pourrait faire sur Geoffroy Martel, comte d'Anjou, seul prince de la Gaule qui pût résister aux Normands. A l'occasion de cette stipulation, le duc de Normandie avait livré bien des combats au comte d'Anjou, sans obtenir de résultats décisifs ; c'est alors que nous voyons le roi de France soutenir une conspiration tramée par Jérôme de Bures, issu de Richard-sans-Peur, qui prétendait avoir des droits sur le duché de Normandie. Mais Jérôme de Bures échoua, et le moment n'était pas encore venu où la France dût joindre un riche fleuron à sa couronne, par la conquête de notre pays.

Lorsque Guillaume-le-Conquérant eut fondé en Angleterre une monarchie qui dure depuis huit siècles, il distribua ses états à ses enfants. Robert, son aîné, eut la Normandie, et Guillaume l'Angleterre, où il alla se faire couronner en 1087. Cependant, bientôt la guerre éclata entre les deux frères, et les Normands conçurent le projet de rétablir à leur profit l'empire formé par Guillaume. Mais loin d'être capable de régner sur l'Angleterre, Robert-Courte-Heuze ou Courte-Botte ne devait même pas conserver la Normandie. Aussi Guillaume n'eut pas plutôt triomphé de son frère, qu'il chercha à régner en même temps sur l'Angleterre et la Normandie, où un parti s'était formé en sa faveur. Il ne réussit pas d'abord ; mais, en 1094, les Normands ayant pris les armes contre lui, il s'empressa de passer la mer, et bientôt la révolte fut comprimée. Bures avait alors une forteresse qui fut enlevée de vive force par Guillaume lui-même, qui venait de la ville d'Eu, où il avait gagné la plupart des seigneurs normands par ses présents et ses belles promesses. Le château devait avoir alors pour gouverneur *Guillaume de Bures, seigneur de Tibériade,* dont les armes se voient à Versailles, au plafond d'une des salles des *Croisades,* avec la date de 1096.

Les châteaux de Bures et d'Arques, avec tout le territoire circonvoisin, avaient été accordés à titre de dot à Hélie de Saint-Saens, en 1089, au moment de son mariage avec une fille naturelle de Robert II (Courte-Heuze). Ce prince voulait par là se créer un appui contre les nombreux ennemis qui le menaçaient ; mais les événements qui se préparaient ne devaient pas laisser

longtemps Hélie en possession du comté d'Arques.
Cependant il fut toujours fidèle au duc, et il eut beau-
coup de calamités à souffrir sous Guillaume-le-Roux et
Henri I<sup>er</sup>.

Au commencement du xii<sup>e</sup> siècle, la Normandie était
loin d'être tranquille ; elle n'avait plus, à proprement
parler, ses ducs particuliers et avait perdu, pour ainsi
dire , son indépendance. Cependant les Normands
voyaient avec peine leur nationalité s'anéantir , et de
longues luttes furen engagées, luttes auxquelles prirent
part l'Angleterre et la France. C'est ainsi qu'en 1118,
redoutant les entreprises de Henri I<sup>er</sup>, troisième fils de
Guillaume, qui avait usurpé la couronne d'Angleterre,
le roi de France, le comte de Flandre et le comte d'Anjou
se coalisèrent pour combattre celui qu'ils regardaient
comme leur ennemi commun. Averti de cette coalition,
Henri passa aussitôt en Normandie pour maintenir son
pouvoir ; mais il s'aperçut bientôt qu'il avait à lutter
contre de redoutables ennemis. Plusieurs villages furent
brûlés sous ses yeux , aux environs d'Arques , par Baudouin, comte de Flandre, suivi d'une nombreuse armée.
Alors Henri s'empresse de fortifier le château de Bures
et y met une garnison de Bretons et d'Anglais. Aussitôt
Baudouin vient attaquer cette garnison : mais il est
blessé à la tête par Hugues Boterel, et se retire à Aumale,
où *s'estant le soir emporté dans la bonne chere et le vin*
*nouueau, et la nuict dans la desbauche, et de là sa playe*
*deuint incurable.* Baudouin, 7<sup>e</sup> du nom, succomba à
Aumale , après avoir misérablement langui depuis le
mois de septembre jusqu'au 17 juin 1119, âgé de 26 ans.

M Désiré Le Beuf reporte la blessure du comte de Flandre, devant le château de Bures, à l'année 1119, et il ajoute qu'ayant été pris les armes à la main, il fut retenu captif jusqu'à ce que le pape Calixte II, alors en Normandie, eût obtenu sa délivrance. D'après M. J. Houël, le château de Bures aurait été pris en 1117, et Baudouin tué dans une action près des ruines de la ville d'Eu, au moment où, se retirant v rs la Picardie, il mettait tout à feu et à sang. Sans préciser le lieu du combat, M. Daniel Gurney le ixe en 1118, et dit que, mortellement blessé, le comte de Flandre mourut peu de temps après à Aumale. Cette opinion, entièrement conforme a récit d'Ordé tal, historien contemporain, nous paraît la plus probable. S'il faut en croire M. A. Guilmeth, d'après Guillaume de Malmesbruy, ce serait sous les remparts d'Arques que le comte de Flandre aurait reçu la contusion dont les suites négligées le conduisirent au tombeau. Ce sentiment est contraire à la généralité des historiens, qui fixent le lieu du combat à Bures.

Après la mort de Henri Ier, roi d'Angleterre et duc de Normandie, Henri II, son successeur, avait étendu son pouvoir depuis l'Ecosse jusqu'aux Pyrénées, et nourrissait le projet de s'emparer de l'Irlande, dont quelques gentilshommes anglo-normands se rendaient maîtres. Durant ce temps, son fils Henri-le-Jeune se donnait du bon temps en Normandie et tenait sa cour à Bures, aux fêtes de Noël 1172. Pour se figurer combien cette cour était nombreuse, il nous suffira de citer Dumoulin, qui assure qu'il y avait à dîner, en une seule salle, cent dix

seigneurs et chevaliers du nom de Guillaume, *sans comprendre les simples escuyers et seruiteurs qui portoient le
mesme nom*.

Au temps de Noël, en 1190, le château de Bures
ouvrait encore ses portes à un hôte royal. Richard I<sup>er</sup>,
après avoir débarqué à Calais, fut reçu avec joie par
Philippe, comte de Flandre, qui le conduisit jusqu'aux
frontières de Normandie. Après avoir passé les fêtes à
Bures, Richard-Cœur-de-Lion alla trouver le roi de
France, Philippe II, au gué Saint-Remy, où ils jurèrent
de se garder une fidélité inviolable et arrêtèrent l'expédition de la Terre-Sainte pour la Saint-Jean 1191. C'est
à la suite de cette entrevue que Richard publia des ordonnances dans lesquelles nous remarquons les pénalités
suivantes :

— *Quiconque tuëra vn homme dans le nauire, sera lié
auec le mort, et tous deux iettez en la mer : que s'il le
tuë en terre ferme, il sera pareillement lié auec le mort,
et enterré tout vif.*

— *Le larron attaint et conuaincu aura la teste razée,
puis couuerte de poix boüillante, et la poix des plumes
d'un oreiller, afin qu'il soit cogneu de tous, et sera exposé
au premier riuage où le nauire abordera.*

Ces ordonnances furent données à Chinon.

Hélas ! si, de nos jours, tous les larrons étaient traités
selon l'ordonnance de Richard, que de personnes auxquelles on ferait une *perruque* de leur oreiller !

Au temps de nos ducs de Normandie, il en était tout
autrement. Guillaume de Jumiéges rapporte plusieurs
faits qui peuvent donner une idée de la sévérité dont on

usait alors contre les voleurs. On avait volé à un paysan sa serpe et le soc de sa charrue : il se plaignit à Rollon, qui l'indemnisa. Mais, comme on ne découvrait pas le voleur, on arrêta la femme du paysan, qui finit par se déclarer coupable. Alors le duc dit au paysan : — Savais-tu que c'était elle qui avait volé ? — Je le savais. — Ta bouche te condamne ; vous serez pendus tous deux.

Cette sévérité était salutaire. Après avoir chassé dans une forêt auprès de Rouen, le duc Rollon, entouré de ses serviteurs, suspendit à une branche de chêne des brace-lets d'or. On craignait tant la sévérité du duc, que les bracelets demeurèrent, pendant trois ans, à la même place, sans que personne osât se les approprier. On rap-porte de Richard II un fait à peu près analogue.

C'est un peu plus tard que fut publié un petit poème intitulé l'*Ordène de chevalerie*, poème qui, dans le manuscrit original, commençait par ces mots : *Chi com-menche d'Ordène de chevalerie, en si que li quens Hues de Tabarie l'enseigne au soudan Salehadin.* Barbazan, qui publia une édition de ce poème en 1759, nous raconte que Hues ou Hugues, châtelain de Saint-Omer, obtint de Baudouin la principauté de Tibériade, d'où il prit le nom de Tabarie. Plus tard, Hugues, fait prison-nier par Saladin, fut requis par le soudan de l'ordonner chevalier ; ce qu'il fit en expliquant au candidat, par l'*Ordène de chevalerie*, les cérémonies à observer pour sa réception. Saladin lui prouva sa reconnaissance en lui donnant cinquante mille besants pour sa rançon et celle de dix chevaliers. Telle est, d'après Barbazan, l'origine du poème qui nous occupe.

Mais M. Viollet-le-Duc rejette avec raison ce petit conte, et attribue notre poème à Hugues de Bures, prince de Tabarie, fondé sur l'opinion solidement appuyée de l'abbé De la Rue, dont voici la base : Ducange dit, d'après Guillaume de Tyr, que Guillaume de Bures, prince de Tabarie, donna, vers l'an 1135, sa nièce en mariage à Renier Brus. Ce Guillaume de Bures eut cinq fils, dont l'aîné, Hugues, succéda à son père dans sa principauté de Tabarie, et défendit vaillamment sa ville contre Saladin, qui s'en empara en 1187; en 1190, il combattit contre le même sultan, au siège d'Acre : or, si jamais Hugues de Tabarie eut avec Saladin les rapports qu'on lit dans l'*Ordène de chevalerie*, ce dut être pendant ces guerres, qui durèrent jusqu'à la mort du sultan, en 1193. Après cela, comment peut-on attribuer notre poème à Hugues de Saint-Omer, gratifié de la principauté de Tibériade (par altération Tabarie), pour services militaires rendus à Baudouin, qui mourut en 1118? Ces services auraient été rendus dans le xi° siècle : or, Ville-Hardouin dit qu'en 1204 Hugues de Tabarie vint de la Syrie avec ses frères au secours de l'empereur Baudouin, à Constantinople. Il faudrait donc dire que non-seulement Hugues vécut de 120 à 130 ans, mais encore qu'à cet âge il servait militairement; ce qui n'est pas croyable. Il faut donc attribuer l'*Ordène de chevalerie* à Hugues de Bures, prince de Tabarie, qui assure lui-même que c'est un conte qu'il a entendu et qu'il a mis en vers.

Nous retrouvons encore un Guillaume Buure en 1248; voici à quelle occasion : La maison d'Aliermont, de

l'archevêque de Rouen, avait été violée par Gautier
Carue, châtelain de Gamaches, qui commit de grandes
déprédations dans le manoir épiscopal et aux environs.
Néanmoins, comprenant l'importance de son forfait, le
dévastateur demanda à être absous par l'archevêque ; ce
qui lui fut accordé, après qu'il eut donné plusieurs
pleiges, parmi lesquels était Guillaume Bure. Pour
expier son crime, Gautier Carue fut condamné à rendre
la somme de 112 *liv.* 4 *s.* 1 *d*, qui avait été soustraite
aux hommes de l'archevêque ; 30 *liv.* à la mère d'un
enfant qui avait été tué ; 30 *liv.* au curé de Saint-Aubin,
dont l'église avait été pillée, etc. De plus, il fut condamné à s'adjoindre onze personnages notables au
point de vue de la fortune, de la naissance ou des
dignités, *sive diviciis, sive genere, sive potestate*, pour
faire, dans l'espace de huit mois, douze processions
solennelles à diverses églises. Il était enjoint au coupable d'avoir la tête et les pieds nus, des caleçons de lin
et une chemise de crin ; ses compagnons, également
tête et pieds nus, devaient être en chemise et en braies.
Tous les douze étaient dans l'obligation de porter à la
main les verges destinées à leur donner la discipline.
Plusieurs des églises à visiter étaient très éloignées : une
procession à chacune des principales églises de Rouen,
d'Evreux, de Lisieux, de Beauvais, d'Amiens, de Dreux,
de Gamaches ; une à Saint-Aubin ; une à Saint-Vaast ;
trois aux trois églises d'Aliermont, en s'avançant nu-
pieds à partir de l'entrée du village jusqu'à l'église,
*tres ecclesie de Alacri Monte*, *tres, ubi, postquam*

*villam intrabitis, usque ad ecclesiam, nudis pedibus et pedites incedetis* (1).

En 1555, le 11 août, un membre de la famille de Bures fut frappé mortellement dans un combat naval qu'il livra aux Flamands, en vue de Douvres et de Boulogne, par ordre du roi Henri II. Le brave Louis de Bures mourut en mer et n'eut pas la satisfaction de jouir de la belle victoire remportée par la flottille dont il avait été nommé commandant par les capitaines de l'expédition.

(1) Ce texte donne à entendre qu'il n'existait encore, à cette époque, que *trois* églises sur l'étendue de l'Aliermont. Lesquelles ? Le *Regestrum visitationum* d'Eude Rigaud nous apprend : 1° que cet archevéque dédia l'église de Saint-Jacques de Tristeville le 10 juillet 1257 ; 2° que l'église de Sainte-Agathe ne fut dédiée que le 24 juillet 1267. Les trois églises dont il est question seraient donc celles de Saint-Nicolas, de Notre-Dame et de Croixdalle. Mais un nouvel embarras se présente. Dans un titre de constitution de *15 liv.* de rente sur le *batel* passeur de Dieppe au Pollet, donné à Aliermont en 1299, l'archevéque Guillaume de Flavacourt dit qu'il vient de fonder l'église parroissiale de Croixdalle : *considerantes redditus et proventus ecclesie parrochialis de Craudale quam nuper fundavimus et dotavimus.* D'un autre côte, nous voyons le pape Innocent IV accorder, le 8 octobre 1249, à Eude Rigaud l'autorisation de disposer d'une place de sa *villa* d'Aliermont pour y fonder une église, un cimetière et un presbytère : *unam plateam ecclesie quam in villa sua de Alacri Monte fundare intendit pro cimiterio et habitaculo sacerdotis ipsius ecclesie.* De ce qui précède, il semble résulter que, des cinq églises actuelles de l'Aliermont, il n'existait que celle de Notre-Dame en 1248. Les deux autres, auxquelles Gautier Carue dut aller en procession, nous paraissent avoir été l'église du manoir de Saint-Nicolas, qu'on appelait alors *villa de Loco Veris,* et une chapelle qui devait exister au manoir de Croixdalle pour la commodité des hommes occupés en ce lieu, soit à la ferme, soit à la tuilerie, ou bien comme charbonniers, billettiers, etc., dont il est question dans les baux de 1253 et 1255.

C'est probablement un membre de cette même famille que nous retrouvons à Dieppe, en 1593, au moment où Henri IV vint en cette ville avec M<sup>me</sup> de Bourbon, sa sœur. Cette princesse était encore alors si attachée au protestantisme que, pendant les six semaines qu'elle passa là, elle fit faire publiquement le prêche dans la maison de Richard de Bure, où elle logeait.

Ne perdons pas de vue le château de Bures. En 1418, les Anglais s'emparèrent de Bacqueville, qu'ils mirent à feu et à sang. Ils tenaient d'autant plus à cette victoire, dit M. Guilmeth, que le château des Martels, réuni aux forteresses de Brachy, Longueville, Arques, *Bures*, Bellencombre, Auffay, etc., formait une ligne de forts détachés, de formidable défense. Au moment de cette victoire de nos éternels ennemis d'outre-mer, la Normandie faisait déjà légalement partie de la France depuis près de deux siècles, tout en conservant ses lois et sa nationalité.

Quoi qu'il en soit, la paix était loin d'être faite. Henri V, roi d'Angleterre, avait pris Dieppe, et, en se retirant, y avait laissé une garnison; mais il comptait peu sur la fidélité des Dieppois, et, pour s'assurer de leur conduite, il fit enlever à Rouen les enfants des principaux bourgeois. Comme on se mettait en mesure d'exécuter cet ordre, un grand nombre de Dieppois prit les armes et parvint à délivrer plusieurs de ces enfants. Cependant, la paix n'était pas faite, et les habitants, traqués dans l'église Saint-Jacques, furent obligés de rendre ces enfants pour obtenir la liberté. Alors, afin d'éviter la surveillance de la garnison, les Dieppois s'en rapportèrent à quatre notables d'entre eux pour opérer dans le secret une nouvelle révolution. Quand tout fut disposé, un des quatre délégués sortit de la ville sous un faux prétexte, et se rendit à Bures, pour faire part au sieur Desmarets des préparatifs des Dieppois. « Ce gen-» tilhomme faisait des vœux pour la prospérité des armes » de Charles VII, et n'était venu à sa terre de Bures que » pour la parfaite guérison d'une blessure qu'il avait » reçue au service de ce prince. » Desmarets approuva le projet, et, dans la nuit du 22 novembre 1431, il se rendit au signal convenu, et chassa les Anglais, qui laissèrent plus de la moitié des leurs, morts ou blessés.

D'après un manuscrit anonyme, cette attaque n'aurait eu lieu que le 17 novembre 1435 (1), sous le commandement de Charles Desmarets, *qui, accompagné du maréchal de Rieux, s'achemina avec les troupes qu'il avait amassées, et, ayant passé la rivière de basse eau, surprit la ville, en montant par-dessus les murailles avec des échelles, et la prit par escalade, quoiqu'elle fût très-forte et bien gardée.*

Ce manuscrit dit aussi que les Anglais avaient le projet d'enlever *les enfants mâles du pays de Caux et de Dieppe,* non à Rouen, comme le disent les *Mémoires chronologiques* que nous venons de citer, mais en Angleterre, *à dessein de leur inspirer l'amour du pays et de la nation,*

---

(1) Dans son *Histoire de Dieppe*, M. Vitet admet aussi la date de novembre 1435; mais, sans citer Bures, il dit seulement que « le sire Desmarets vivait retiré dans les environs. »

*en leur apprenant leur langue et leur manière de vivre,*
*et, par ce moyen, les rendre plus sociables.*

Le 2 novembre 1442, le brave Desmarets repoussait
encore les Anglais, qui étaient venus assiéger la ville de
Dieppe ; en 1448, il les chassait de Fécamp, et, en 1515,
les Dieppois pleuraient la mort de cet intrépide capitaine
et couvraient sa tombe de lauriers. Nous craignons fort
qu'il y ait erreur dans cette dernière date ; autrement il
s'ensuivrait que Desmarets serait mort excessivement
âgé, puisqu'il avait déjà reçu une blessure au service de
Charles VII, en 1431.

En 1521, craignant que ses ennemis n'en vinssent à
*endomager son royaulme comme ilz avoient ja essayé*
*faire l'année dernière qu'ilz étoient venus à grosse force*
*et puissans d'armes faire des grandes pilleries et forces*
*de tyranies à ses subjectz,* François Iᵉʳ rendit une ordonnance pour charger ses commissaires et procureurs de
réaliser sur ses *domaynes, aides, gabelles,* etc., une
somme de *deux centz mille liures.*

En cette circonstance, Charles Le Noble, de Bures,
acquit, tant *pour luy et ses hoirs* que pour *vénérable et*
*discrepte personne Archambault Bourgoise,* pᵇʳᵉ curé de
*Sainct-Souxplix* (Saint-Sulpice), une ferme sise à Bures,
nommée la *Petite-Jurée.* C'était alors une terre *plaine*
*de buissons, qui se bailloit et adjugoit, de trois ans en*
*trois ans, treize liures par chacun an.* Elle fut *acheptée*
*sept vingt liures :* mais il y eut plus tard débat sur les
conditions; une rente de *trente-neuf liures,* sur la Jurée,
fut accordée à Mᵐᵉ de Bourgoise de Pommerval, patron
du *Valiquet,* et, en 1642, la ferme fut adjugée au profit

du roi, à charge par le fermier de payer la rente due au seigneur de Pommerval.

Il ne sera peut-être pas hors de propos de dire ici ce que l'on entendait par le mot *jurée*, connu dans beaucoup de communes, pour désigner une ferme, une terre, un pré, etc. On sait que les pouvoirs des seigneurs étaient autrefois très-grands, et qu'il leur est arrivé assez souvent d'en user et abuser. Alors toute personne libre, habitant les terres d'un seigneur, pouvait se soumettre au roi par un aveu de bourgeoisie, et échapper ainsi à la juridiction seigneuriale ; mais il fallait payer au roi le *droit de jurée*, qui variait selon les localités. C'est de là que plusieurs fermes ou terres, affectées à ce droit, ont conservé le nom de *Jurées*.

A la fin du xvi° siècle, au moment où Henri IV était occupé à conquérir son royaume, la vallée de Béthune fut souvent occupée par les troupes espagnoles. Il semble assez probable qu'elles avaient établi un camp dans une plaine de Bures connue sous le nom des *Miquelons* ou *Miquelets*, auprès du *Grêle-Val*, vallon qui leur servait de retranchement : on a trouvé en ces lieux beaucoup d'armes et de boulets (1).

Quoi qu'il en soit, vers la fin de février 1592, Henri IV partit de Rouen, avec 5,000 hommes de cavalerie et 400 fantassins, pour marcher à la rencontre du duc

(1) On désignait, sous le nom de *Miquelets*, certaines milices espagnoles destinées à faire la guerre des montagnes. Louis XIV créa cent compagnies à l'instar de ces milices ; le gouvernement français tenta un nouvel essai à la fin du dernier siècle ; enfin, Napoléon institua un nouveau corps de *Miquelets français*, pour faire la guerre d'Espagne, en 1808.

de Parme, qui venait de Hollande pour soutenir Philippe II, roi d'Espagne, le protecteur de la *Ligue*. Mais déjà le duc avait pris Neufchâtel, et Henri IV « lui livra un sanglant combat à Bures, au même endroit où quelques mois auparavant il avait failli prendre le duc de Guise. » Deux cents hommes restèrent sur la place, l'on fit quelques prisonniers, et il ne se trouva, du côté du roi, que peu de blessés. Dans son *Premier Essai sur le département de la Seine-Inférieure*, Noël parle aussi d'un combat livré, quelques mois après la prise de Bures. par le roi de Navarre ; mais il place le lieu de ce combat dans une plaine *entre Bellencombre et Bures*.

D'après ce qui précède, il semblerait certain que deux combats auraient été livrés, en peu de temps, à Bures ou aux environs ; toutefois, nous dirons qu'après avoir parcouru le recueil des *Lettres-Missives* de Henri IV, nous n'avons rien trouvé qui pût indiquer deux siéges. Peut-être, en parlant du second combat, aura-t-on fait allusion à une escarmouche qui eut lieu à quelque distance de Bures, avant le combat décisif. Au reste, voici la lettre écrite par Henri IV, le lendemain de la bataille, à M. Ancel, serviteur ordinaire de sa chambre :

« Aussy tost que ma blessure, de laquelle je vous ay donné advis, m'a permis d'aller à la guerre, j'ay bien voulu faire sentir à mes ennemys qu'elle n'est pas telle, Dieu mercy, qu'ils en faisoient courir le bruit, et qu'ils n'en tireront pas l'advantage qu'ils s'estoient promis. Pour ce faire, je montay à cheval hier matin avec quinze cens chevaulx françois, et six cens harquebusiers tant à cheval que à pied, en intention

d'aller lever le logis de Bure, où estoient logez le duc de Guise et La Chastre, avec onze cornettes de cavallerie et cinq régimens de gens de pied. Ceste mienne deslibération cuida estre interrompue par la rencontre que soixante chevaulx que j'avois jectez devant moy, et quelques harquebusiers feirent de cent chevaulx ennemys, conduicts par le comte de Chaligny, à une lieue et demie du logis du dict duc de Guise; mais ils furent chargez si résoluement, que soixante demourèrent morts sur la place, ou prisonniers : entre autres le dict comte de Chaligny, prisonnier et fort blessé. Le reste fut poursuivy jusqu'à leur village, auquel ils portèrent l'alarme; et demourèrent les nostres fermes une grande demye heure, attendans mes trouppes qui ne pouvoient encore estre arrivées. Ce pendant ils donnèrent loisir à leur cavallerie de monter à cheval et à leurs gens de pied de se baricader et de border sur les advenues les hayes de leurs harquebusiers. Trois cens chevaulx ennemys sortirent, et combien que le nombre fust plus grand que celuy des miens, et du tout inégal, toutesfois, environ les deux heures après midy, aussy tost que je descouvris mes dictes trouppes sur un hault, là auprès, marchans au grand trot, et le peu d'asseurance que je recongneus aux dicts ennemys, je les feis charger sy à propos, Dieu mercy, que ce petit nombre les ramena battans, leur feit passer leur village, et les nostres en demeurèrent maistres plus d'une heure. Il y fut tué près de trois à quatre cens hommes, tant de cheval que de pied, quatre cens chevaulx buttinez, leur bagage, vaisselle d'argent et habillemens, jusques à la valeur de plus de cinquante mille escuz, et la cornette du duc de Guise, qui estoit allé ce matin-là au quartier du duc de Parme. S'ils montrèrent peu de courage à deffendre et garder leur logis, ils n'en eurent pas davantage ny plus d'assurance à faire quelque chose de mieulx sur nostre retraicte ; car jamais ils ne sortirent pour nous suivre, combien que ce fust à la teste de leur armée, ains nous laissèrent paisibles possesseurs de leurs prisonniers et de leurs despouilles. Mon cousin le duc de Nivernois, qui estoit à ma main droicte, à une lieue de Bure, donna dans un aultre village, auquel estoit logé le régiment de Barlette, dont il en fut tué soixante sur la place ; et douze chevaulx qui se retiroient les derniers de la trouppe de mon dict cousin en rencontrèrent seize des ennemys, qu'ils chargèrent. Quatre furent tués sur la place, le maistre de camp de Cluseaulx et quatre aultres pris prisonniers, et le reste mis à vau de route. Ceste nouvelle, que je vous ay bien voulu faire sçavoir, vous rendra asseuré tant de mon bien porter, grace à Dieu, que de l'assistance qu'il pleut à sa divine bonté me continuer en la justice de mes armes, afin que vous en faciés part à ceulx que vous jugerés estre à propos, après en avoir pris la resjouissance qui est deue à vostre bonne volonté, et à l'affection que vous portés à mon service : priant, sur ce, Nostre-Seigneur vous avoir en sa saincte garde. Escript au camp de Buchy, ce xviij* febvrier 1592.

» HENRY. »

Cette lettre semble indiquer quatre combats, plus ou moins sérieux , livrés le 17 février par les troupes de Henri IV : le premier, à une lieu et demie sud-ouest de Bures, par l'avant-garde du roi, qui venait de Blainville. C'est à cette première affaire que le comte de Chaligny fut fait prisonnier par Chicot, bouffon du roi. Ce gentil-homme gascon se distingua autant par sa bravoure pour son prince que par l'originalité des plaisanteries et des avis burlesques qu'il adressait aux gens de la cour. Chicot cherchait depuis longtemps à se venger, sur un prince lorrain, des coups de canne qu'il avait reçus du duc de Mayenne ; et, en deux ans, il avait eu cinq chevaux tués sous lui, pour trouver cette occasion, quand il prit le comte de Chaligny auprès de Bures, et non au siége de Rouen, comme l'affirme M. Ph. Le Bas, dans son *Univers pittoresque*. Aussi amena-t-il gaîment son prisonnier au roi, en lui disant : *Tiens*, *voilà ce que je te donne*. M. de Chaligny, furieux d'être tombé aux mains de ce bouffon, lui donna un coup d'épée dont il mourut, à Rouen, quinze jours après. Quant au comte, il recouvra plus tard la liberté, moyennant une rançon de trente mille écus, qui furent employés à indemniser la duchesse de Longueville de pareille somme qu'elle avait payée elle-même pour obtenir sa liberté.

Le second combat, où se trouvait Henri IV, et qui est le principal de la journée, fut livré à Bures, qui fut pris aux ligueurs.

Le troisième et le quatrième eurent lieu à une lieue de Bures, *à droite ;* mais, comme nous ne connaissons pas *positivement* l'itinéraire du roi, nous ne saurions fixer l'endroit où le duc de Nivernois livra cette double attaque. Toutefois, le 13 février, Henri IV était à Blainville, où il avait demandé le duc de Nevers, le maréchal de Biron, les seigneurs d'O et de La Guiche, afin de pourvoir à ce qu'il y avait a faire ; ce qui nous porte à croire qu'il vint de ce côté. Alors le combat aurait été livré par le duc de Nivernois, du côté de Fresles, peut-être à la Ferme des *Murailles*, ou au *Manoir-de-Bray*.

Depuis cette époque, Bures n'avait plus eu à souffrir de la présence d'une armée sur son territoire, quand la guerre si imprudemment déclarée à la Prusse, le 19 juillet 1870, vint jeter le trouble et la désolation en France. Nos lecteurs se rappellent la cause ou plutôt le prétexte de cette déclaration de guerre. Il avait été question de placer le prince prussien de Hohenzollern sur le trône d'Espagne. Le gouvernement français protesta contre cette prétention, qui fut abandonnée ; mais on ne se contenta pas de cette concession, on voulut que la Prusse s'engageât à ne jamais revenir sur cette question. Cet engagement fut refusé, et l'empereur Napoléon fit signifier une déclaration de guerre au roi Guillaume. Malheureusement nous étions loin d'être préparés à la lutte. En vain M. Thiers supplia-t-il les députés de moins se hâter « dans cette guerre follement entreprise et ineptement conduite ; » l'empereur, fasciné par les sept millions de *Oui* du plébiciste, obtint un vote selon ses désirs, et l'on se mit immédiatement en campagne. La Prusse, qui était préparée de longue main, ne nous laissa pas le temps de pénétrer sur son territoire, et la France fut bientôt envahie par les armées allemandes. De coupables manœuvres et de lâches trahisons sacrifièrent l'élite de nos soldats et livrèrent nos forteresses. L'empereur des Français déposa lâchement son épée *aux pieds* du roi de Prusse, qui fut heureux d'envoyer dans ses états des centaines de mille de prisonniers et notre meilleur matériel de guerre (1).

(1) Nous ne saurions indiquer lo chiffre des blessés de notre armée pendant la guerre, mais nous croyons pouvoir donner le détail exact des morts. Dans les batailles de Forbach, Reichshoffen, Borny, Gravelotte, Saint-Privat, et dans les combats livrés autour de Metz du 1er septembre au 27 octobre, 26,0 )0 ; à Sédan, 10,000 ; au siége de Paris, 17,000 ; les pertes de l'armée de la Loire sous les généraux d'Aurelle de Paladines et Chanzy, 22,000 ; sous le commandement de Bourbaki, 7,000 ; à l'armée du Nord, 3,500 ; à celle de Garibaldi, 1,600 ; aux siéges de Strasbourg,

Alors les vainqueurs se répandent dans toute la France et sèment la désolation sur leur passage. Ils pillent, ils volent (1), ils incendient, ils violent (2), ils assassinent de tous côtés. Ils s'abattent sur nos villages comme des nuées d'oiseaux de proie. Ils brisent les

de Toul, de Bitche, de Thionville, de Montmédy, de Verdun, de Phalsbourg, de Mézières et de Belfort, 2,000; total : 89,100 hommes! En jetant un regard un peu en arrière, nous retrouvons une perte de 120,000 hommes dans la guerre de Crimée ; 40,000 en Italie ; 35,000 au Mexique ; 10,000 en diverses autres expéditions lointaines; total : 294,100 Français voués à la mort sous l'Empire de Napoléon III!!!..... C'était bien la peine d'avoir fait graver sur un marbre blanc, à la bourse de Bordeaux, le célèbre discours à la fin duquel se trouve le fameux mensonge : L'EMPIRE C'EST LA PAIX.

(1) La *Revue politique* a publié ce qui suit, sous le titre de *la Main dans le sac* : « Il se trouve que la *Feldpost* (poste de campagne) ayant rendu ses comptes semestriels dans les premiers jours du mois de janvier, cette statistique officielle a été publiée, à cette époque, dans les journaux prussiens. Qu'y voyons-nous? Du 16 juillet au 31 décembre 1870, les envois d'Allemagne en France « pour le compte particulier des soldats, » c'est-à-dire les sommes qui leur ont été envoyées par leurs familles, représentent le chiffre de 13,940,000 fr. (14 millions de francs en chiffres ronds). D'autre part, du 16 juillet au 31 décembre 1870, les envois d'argent faits par les soldats à leurs familles, c'est-à-dire les sommes expédiées de France en Allemagne, s'élèvent à 34,981,200 fr. (35 millions de francs en chiffres ronds). Les 14 millions que les soldats allemands ont reçus de leurs familles leur ont été envoyés en 1,030,90) lettres (1 million de lettres en chiffres ronds), égal : 14 fr. par lettre. Les 35 millions qu'ils ont envoyés à leurs familles étaient renfermés dans 523,000 lettres, égal : 70 fr. par lettre. En d'autres termes, le père, la mère ou le cousin envoyait un thaler, et le soldat reconnaissant renvoyait un *louis*. »

(2) La cour d'assises de la Seine-Inférieure a condamné aux travaux forcés à perpétuité un nommé Langlois, du Tréport, qui a laissé violer sa fille par quinze Prussiens, et a même facilité le crime.

barrières ; ils tuent les bestiaux, ils enfoncent les portes ; ils vident les armoires ; et ils mettent le pistolet sur la poitrine de ceux qui paraissent émus de leurs procédés. Ils s'installent arrogamment dans les maisons ; ils envahissent les poulaillers et les caves ; ils se gorgent des meilleurs mets et des vins les plus fins qu'ils peuvent découvrir ; ils condamnent les maîtres à devenir leurs valets muets et tremblants ; ils s'emparent de leurs lits ; ils salissent les chambres de leurs immondices, et, en partant, ils emportent tout ce qu'ils trouvent à leur convenance.

Le département de la Seine-Inférieure eut à supporter tous ces désordres durant plusieurs mois, et beaucoup de communes durent nourrir et loger un nombre plus ou moins considérable de ces incommodes visiteurs. Bures se trouva sur leur passage, et les habitants n'oublieront jamais l'émoi causé pendant leur séjour. Déjà, une fausse alerte avait mis tout le pays sur pied, quelques semaines auparavant, au milieu de la nuit. Vers dix heures du soir, le tambour et la grosse cloche avaient réveillé la population en sursaut de son premier sommeil : on disait que les Prussiens arrivaient à Neufchâtel, et les gardes nationaux se mirent en chemin pour aller à leur rencontre. Heureusement, cette rumeur était sans fondement, et la garde nationale de Bures rentra dans ses foyers, sans avoir usé ses cartouches.

Le vendredi 16 décembre, ce fut autre chose ! Par suite d'un mouvement inattendu d'un corps d'armée ennemie, quatre à cinq mille Prussiens remontèrent la vallée de Béthune et envahirent les communes de

Bures, Mesnières, Saint-Martin, Quiévrecourt et Neufchâtel, pour y passer la nuit. En cette circonstance,
Bures eut à loger et nourrir un bataillon et demi du
8ᵐᵉ corps du 40ᵐᵉ régiment de ligne, et un escadron du
8ᵐᵉ corps du 2ᵐᵉ régiment de hussards, de la province
de Trèves, en tout : 1,350 hommes et 250 chevaux.
C'était beaucoup trop pour une population de 422 habitants ! d'autant plus que la répartition, qui fut très-
précipitée, ne se fit pas d'une manière tout-à-fait convenable. Au reste, le défaut que nous signalons doit être
principalement imputé aux envahisseurs (1), car eux-
mêmes marquaient à la craie, sur la porte des maisons,
le nombre d'hommes et de chevaux assigné à chaque
habitation. L'inscription indiquait également si les
hommes étaient de simples soldats ou des officiers. On
comprend que le logement dans les maisons de plus
belle apparence était toujours réservé pour les chefs et
leurs domestiques.

A la suite de l'armistice conclu le 28 janvier 1871 (2),
la commune de Bures eut à héberger, dès le 1ᵉʳ février,
460 Poméraniens du 1ᵉʳ corps du 45ᵐᵉ de ligne.

Le lendemain, dès qu'on fut débarrassé de ces trois
compagnies, on vit arriver 190 hommes et 306 chevaux
du train des équipages, 1ᵉʳ corps, colonne n° 4, qui

(1) Il paraît que, plus tard, l'administration locale excita également de
vifs murmures, en distribuant les logements d'une manière plus ou moins
équitable.

(2) Cette date du 28 semble fatidique : cette cruelle guerre a commencé
le 28 juillet 1870, la capitulation de Strasbourg a eu lieu le 28 septembre,
et celle de Metz le 28 octobre.

restèrent jusqu'au 10 février. Il paraît que ces hommes
sont le rebut de l'armée, des mauvais sujets ramassés
dans les divers régiments de la cavalerie. Toutefois,
leur présence à Bures a été, en quelque sorte, plutôt
un bienfait qu'une charge pour l s moins riches, car ils
firent de nombreuses réquisitions dans les communes
voisines, durant leur séjour, et les gens peu aisés furent
nourris en partie, et même chauffés, grâce à 40 à
50 stères de bois à brûler réquisitionné dans la forêt
d'Eawy.

Depuis le 14 jusqu'au 17 mars, le pays fut encore
occupé par 150 dragons et 185 chevaux de la garde
du grand duc de Meklembourg, 5$^{me}$ escadron du 17$^{me}$ régiment du 13$^{me}$ corps (1).

A peine avait-on eu le temps de se féliciter du départ
de cet escadron, que la consternation se répandit de
nouveau parmi les habitants : 685 hommes d'infanterie,
au nombre desquels se trouvaient un général et un
colonel, accompagnés de 70 chevaux, venaient demander
le logement! C'étaient des Meklembourgeois, du 90$^{me}$ régiment de ligne, parmi lesquels il y avait beaucoup
d'officiers.

Enfin, le 14 mai, une compagnie de 220 hommes,
qui avait déjà logé à Bures le 16 décembre 1870, y
revint de nouveau passer six jours. Chanteurs intrépides,
on les entendait durant toute la journée et surtout le
soir. Ils partirent le 20 mai et furent les derniers Alle-

(1) La veille du départ de cet escadron, un officier supérieur et quatre
hommes vinrent lever le plan de la commune.

mands qui répandirent l'anxiété dans le pays. Toutefois, par suite d'un accord entre les deux gouvernements belligérants, ces derniers visiteurs étaient obligés de pourvoir à leur nourriture. Précédemment, il fallait leur fournir toutes les choses nécessaires pour eux et leurs chevaux. A part les réquisitions de grains, fourrages, pain, vin, café, eau-de-vie, bougie, viande, etc., faites dans les communes de Mesnières, Saint-Martin-l'Hortier et Bully, les habitants furent obligés de leur donner, ou de les laisser prendre, du lard, des volailles et mille autres choses. Au reste, voici l'estimation des dépenses occasionnées par leur présence dans le pays :

| | | |
|---|---:|---:|
| Nourriture et entretien (1)...... | 8,266 fr. | 20 c. |
| Trois bœufs (2)............... | 655 | |
| Quatre vaches............... | 1,252 | |
| Trente-trois moutons......... | 1,650 | |
| Un porc.................... | 55 | |
| 4,479 kilogrammes d'avoine.... | 1,343 | 70 |
| 2,495 kilogrammes de foin..... | 493 | |
| 2,015 kilogrammes de paille.... | 244 | 80 |
| Contributions de guerre (3)..... | 4,044 | 16 |

(1) Nous ne connaissons pas le détail des fournitures englobées sous cette dénomination.

(2) On distribuait, à la mairie, ce qui était destiné à la nourriture des hommes et des chevaux.

(3) Le chiffre fixé par l'autorité prussienne, pour cette contribution à lever dans le département de la Seine-Inférieure, fut d'abord beaucoup plus élevé ; mais on le réduisit environ des deux tiers, à la suite d'une démarche faite auprès de M. de Bismark, à Versailles, par S. Em. Monseigneur le Cardinal-Archevêque de Rouen, et par deux membres du Conseil général.

Douzièmes des impôts (1)....... 1,632    30
Charrois et transports......... 589
Pillages (2)................. 4,294    65

Pour faire face à ces diverses dépenses, on eut recours à des emprunts et à des réquisitions. Mais ce dernier mode suscita de vives critiques ; on ne suivit pas la même marche à l'égard de tous, et plusieurs trouvèrent le procédé vexatoire. Toutefois, comme on avait recueilli une somme dépassant les exigences prussiennes, on restitua une partie de l'argent, et l'orage se calma.

Après avoir passé en revue les faits généraux qui se rattachent à l'histoire de Bures, nous allons consacrer divers articles à ce qui nous reste à dire sur cette commune.

(1) Les envahisseurs avaient fait payer deux douzièmes des impôts ; mais le gouvernement français décida plus tard qu'il serait tenu compte de cet impôt aux contribuables, ainsi que de la contribution de guerre.

(2) Les Prussiens ont marqué leur passage par le vol et le pillage, nous l'avons reconnu plus haut ; mais le chiffre de 4,294 fr., même avec les 65 c., pourrait laisser quelque doute sur l'appréciation du dommage causé.

# MANOIR DES DUCS DE NORMANDIE.

—

Nous avons déjà eu l'occasion de citer le château de Bures, en relatant des faits historiques qui s'y rattachent. Il nous reste à parler de cet antique manoir, à un point de vue plus spécial, et à mentionner ici ce qui n'a pas trouvé sa place ailleurs.

Le manoir des ducs de Normandie, dont les derniers vestiges ont disparu au commencement du siècle actuel, était situé sur les propriétés de MM. Eugène Guian et Joseph Brianchon, et comprenait également dans ses dépendances les herbages de MM. Romain Havet et Médéric Hurard, de sorte qu'il était borné sur trois de ses côtés : 1° par la rivière, *ripparia que dicitur Dyeppe;* 2° par le chemin royal, *queminum regale;* 3° par la grande route de la forêt d'Eawi, *magna via que vadit apud forestam Dauvi.* Il est encore aisé aujourd'hui de se rendre compte de ces dénominations qui remontent au XIII° siècle. Depuis cette époque, la rivière de *Dieppe* a été nommée la *Béthune.* Le *chemin royal* (1), c'était

(1) Dans un titre de 1409, il est question du *quemin réal*....... *quemin du Roi.*

la rue principale de Bures qui, comme tous les anciens chemins, formait une profonde cavée. La route de la forêt a été en partie comblée au moment de l'exécution du chemin n° 12 qui conduit de Londinières à Saint-Saens; il en reste encore un tronçon qui porte le nom de *rue en rue*.

Nous avouons que nous ignorons à quelle époque le manoir de Bures est devenu la propriété du monastère de N.-D. du Pré. Tout ce que nous pouvons dire, c'est que la paix conclue, en 1260, entre Louis IX et Henri III, amena une grande tranquillité en Normandie, et que le manoir de Bures dut s'en ressentir, puisque le roi d'Angleterre avait cédé ses droits sur la Normandie. Nous trouvons la mention suivante au bas de l'acte de vente d'un pré, qui eut lieu en 1276 : *testibus, Roberto de Blaquevilla tunc temporis custode manerii de Buris.* Ce qui montre que, malgré la paix conclue, le manoir avait toujours un gardien, afin d'éviter toute surprise et de surveiller peut-être le personnel de la maison. Nous supposons que le château était habité par quelques moines dès cette époque, car une charte sans date, que nous croyons de la 1<sup>re</sup> moitié du xiii<sup>e</sup> siècle, relate la donation de deux jardins faite aux religieux de N.-D. du Pré et aux moines du Bec demeurant dans leur manoir de Bures : *Ricardus sacerdos de Buris et Helias coheres ejus dant in elemosinam S. M. de Prato et monachis Becci commorantibus in manerio suo de Buris duos hortos.....*

Le manoir de Bures servit aussi plus tard de lieu de retraite à certaines personnes qui cherchaient un refuge pour passer tranquillement leurs vieux jours. C'est ainsi que, le 3 mai 1446, Bertin Le Senescal et Perrine sa femme « meus (mus) de devocion confessent eux estre rendus et du tout donnés frere et seur avec tous leurs biens meubles et héritages quelzconques..... au couvent du Pré..... pour le grant aage et fieblesche en quoy ils sont..... et pour doubte de cheoir en plus grant debillitation et mendicité de leurs corps..... par ainsi que iceulx seront et demeureront au manoir de Bures et chascun d'eulx auront leurs vies des biens et revenus de la dicte église..... et pour leur vestir et chausser auront chascun d'eulx la somme de 60 sous pour chascun an..... seront tenus les diz mariez a toutes les besongnes et affaires de la dicte église..... et se eulx ou l'un d'eulx cheoient en necessite de maladie, les dicts religieux les seront tenus garder et gouverner comme freres et seurs doivent estre..... En temps de guerre pourront se retirer au Pré a Rouen. »

Lorsque la Normandie fut définitivement réunie à la France, le manoir de Bures fut conservé comme siége de justice, et l'on y établit une chapelle pour la commodité des religieux, des frères, des sœurs et du fermier qui l'habitaient. Mais cette chapelle ne tarda pas à devenir une cause de contrariétés pour les curés de la paroisse. Nous en avons trouvé la preuve dans une plainte, sans date, conservée aux archives départementales, formulée par Antoine De la Roche et Adrien Guerrier, qui furent en même temps curés de la 1<sup>re</sup> et de la 2<sup>me</sup> portion de Bures, à partir de 1694 jusqu'à 1706. *Nous nous plaignons*, disent-ils, *qu'on fait des pain* *benit aux messes du Rosaire les festes de la S<sup>te</sup> Vierge et premiers dimanches du mois.* **Malgré nous ou la défense de Monseigneur qu'il y a une chapelle dans la ferme de la Cour appartenante aux moines de Bonnes Nouvelles de Rouen qui n'est ny dédiée ny approuvée de Monseigneur. Ou les prédicateurs des auent et careme confessent et disent la messe pour le fermier. Et encore présentement le sieur Guisse vicaire d'Omoy et le vicaire de Bures y disent tous les lundys et mardys de la semaine une messe pour les bons amis du fermier, quoique nous nous en soyons plaindé au procureur de Bonne Nouvelle et aux dits fermiers.**

Les curés de Bures se plaignent aussi de ce que le procureur de Bonne-Nouvelle leur a *suscité un procedz injuste*. Ils ajoutent qu'*il mène à Bures une vie très peu régulière. Il ne fait*, disent-ils, que *boire, fumer, jouer, régaler de côté et d'autre, et il tient une espèce de bal.* Nous ignorons quel fut le résultat de cette plainte.

Le manoir des ducs de Normandie, comme propriété de l'abbaye de Fécamp, devint la proie de la Nation, en 1789, avec toutes ses dépendances. A cette époque, l'Assemblée nationale déclara que les biens ecclésiastiques lui appartenaient; elle s'en empara; elle les mit en vente, afin de se créer des ressources, et défendit toute espèce de protestation. C'était l'aurore qui annonçait le lever du soleil de la liberté!

# JUSTICE.

—

Jusqu'à la révolution du siècle dernier, il y eut à Bures *haute,moyenne* et *basse* justice. Dans une protestation faite en 1398 contre Guillaume de Vienne, archevêque de Rouen, Jean de Bouquetot, prieur de Notre-Dame-du-Pré, rappelle que depuis six ans il jouit paisiblement du manoir de Bures, ainsi que de ses revenus, droits, libertés, haute, moyenne et basse justice : *cum omnibus redditibus juribus libertatibus alta media et bassa justitia.* Par une sentence rendue en 1669, la haute justice de Bures fut *adiugée aux religieux de nre dame du Pré à l'encontre des religieux de Fescamp*, qui voulaient s'en emparer.

Ce fut en reconnaissance de ce droit de *haute* justice que deux jugements du bailli de Caux (1461-1493) accordèrent la permission de *refaire le gibet à quatre pillers sur une montagne a Bures* (1).

Rien n'est plus obscur que l'origine de ces trois sortes de justice : *haute, moyenne* et *basse.* La *haute* justice

(1) La terre où se trouvait le gibet est située à la côte de Follemprise, et on la désigne encore sous le nom des *Potences.*

était celle du seigneur, qui pouvait faire condamner à la peine capitale, et juger toutes causes civiles et criminelles, excepté les cas royaux. En certains lieux, la *moyenne* justice connaissait des injures dont l'amende ne pouvait dépasser *soixante sous*. La *basse* justice statuait sur les droits dus au seigneur, sur les dégâts des animaux, et sur les injures dont l'amende n'excédait pas *sept sous six deniers*. Outre ces trois degrés de *justice*, il arrivait parfois que ceux qui avaient de grandes terres accordaient aux petits seigneurs qui relevaient d'eux la faculté d'établir des juges dans leurs villages pour les causes de peu d'importance.

Le siége de la *haute* justice était à l'ancien manoir royal ; les arrêts de la *basse* se rendaient à Tourpes.

Une enquête faite au nom de Philippe Le Bel nous montre que les religieux de N.-D.-du-Pré jouissaient déjà depuis longtemps du droit de *haute* justice au temps d'Imer, qui fut abbé du Bec (1) de 1281 à 1304. On voit figurer dans cette enquête Mathieu de Bray, âgé de 60 ans, lequel affirme que les dits religieux ont usé du plaid de l'épée (2) toutes les fois que le cas s'est présenté dans l'étendue de leur terre de Bures, et cela depuis un temps immémorial : *dicit quod dicti religiosi usi fuerunt de omnibus casibus placiti ensis accidentibus in terra de Buris et pertinenciis sicut credit et a tempore a quo non existit memoria*. Un autre témoin,

---

(1) Le prieuré de N.-D.-du-Pré était un bénéfice dépendant de l'abbaye du Bec.

(2) On a appelé *plaids de l'épée* la haute justice : GLADII, VEL NECIS POTESTAS.

nommé Richard, âgé de 80 ans, affirme qu'il a vu condamner un nommé Richard Le Tellier qui, ayant tué Pierre de Foret et s'étant enfui à l'église de Saint-Valeri, dans la terre de Bures, fut conduit avec la croix et l'eau bénite par la justice des dits religieux : *conductus fuit cum cruce et aqua benedicta per justiciam dictorum religiosorum et ad hec omnia fuit presens ipse qui deponit.*

Comme seigneurs et hauts justiciers de Bures, les religieux du Pré avaient *de tous temps adcoustume y commectre officiers bailli et viconte sergens tabellions et autres officiers par eux establis et par ordonnance d'eschiquier ancienne.* Mais il arriva que l'un des sergents royaux, dont le siége était à Envermeu, s'avisa de *commettre deux de ses serviteurs, gens de labour non congnoissant ce*, pour exercer dans la seigneurie de Bures, au nom du roi.

Alors, le prieur du Pré et ses religieux s'adressèrent au grand sénéchal de Normandie, pour le supplier de faire cesser cet abus, lui représentant que *jamais ne fust adcoustume ne souffert auoir tabellions royaulx ailleurs ne en autre siege et aussi nest en raison telle multiplication de tabellions en chascun hamel village ou haute justice et seroit confusion et danger de plusieurs inconveniens.*

Cette supplique fut accueillie favorablement, et, le 27 avril 1353, le sergent d'Envermeu fut chargé, au nom du roi, de défendre *ausdis tabellions que il ne soient si hardi de passer aucunes lettres en la haulte justice de Bures*, où le roi n'avait d'autre droit que celui de fouage et ressort, *focagium et resortum*, c'est-à-dire de lever un tribut sur chaque feu, maison ou famille, et de faire juger les appels des jugements prononcés par la justice locale. C'est ainsi qu'un arrêt du parlement confirma, en 1650, la sentence du bailli de Bures, portant peine de mort contre Nicolas Desforges.

Le sceau de la haute justice de Bures représentait des léopards ; les fleurs de lys furent ajoutées après la domination anglaise.

A la suite de la révolution de 1793, Bures fut érigé en chef-lieu de canton et désigné comme siége d'une justice de paix ; mais les habitants de Londinières réclamèrent et obtinrent, au bout de deux mois, une sentence favorable à leur réclamation. Bures resta seulement lieu de perception des contributions directes pour les communes de Mesnières, de Fresles et de Saint-Valeri, durant une cinquantaine d'années.

# SEIGNEURIE ET FIEFS.

—

En parlant de la *Justice* de Bures, nous venons de rappeler que les religieux de N.-D. du Pré avaient joui, jusqu'à la fin du siècle dernier, des prérogatives attachées à la seigneurie de ce lieu. Mais il exista, en cette paroisse, d'autres portions de fief.

Un *Vidimus* de 1485 mentionne une donation faite en 1359 par *noble homme mons. Jehan Valiquet chev. sire de Valiquerville.* Ce noble chevalier donna son nom à un quart de fief *assis ès parroisses de Pommerval, Bures et Maintru.* La partie située à Bures consistait, en 1509, en une *certaine masure..... au val a la Dame..... et a la fontaine de Coquefen.*

En 1273, un curé de Bures assista comme témoin à la vente d'une pièce de terre également désignée sous le nom de Coquefen : *cultura dicta de Quoquefen..... testibus..... Magistro Radulpho tunc temporis presbytero de Bures.....* On désigne encore aujourd'hui, sous le nom de *Val-à-la-Dame* et de *Coquefen* deux pièces de terre de cette commune.

En 1476, le fief du *Valiquet* était possédé par Guillaume de Saint-Ouen.

En 1527, Louis Bourgoise vend ce fief à Antoine Bourgoise, *verdier de la forest d'Eavy* (1), qui, en 1543, fit *hommage de bouche et de mains a mons. maître François Ruffin prothonotaire du S. Siége prieur commandataire du Pré.* En 1643, le fief était passé à *damoiselle Marie de Ricarville vefve de Mathieu Bourgoise.*

Nous citerons également, comme situé en partie sur Bures, le fief de la *Valouine*, désigné dans les chartes sous les noms de *Valogne, Valoines, Valloignes, Valunnes, Valunneis*, etc. En 1190, Durand de *Hostilli* ou *Osteilli* et sa femme Gunnor, fille de Robert de Valunnes, donnèrent aux religieux du Pré, moyennant dix livres angevines de rente payables à la fête de S$^t$-Christophe, toute leur terre de Bures, dépendant de leur fief, avec la maison, le bois, les prés et les pâturages : *totam terram nostram de Bures de feudo de Valunnes cum mainillo et bosco et pratis et pascuis.* Mais, comme les donateurs avaient reçu cent livres des religieux, à l'occasion de cette concession, la charte stipule que ceux-ci seront dispensés de la rente annuelle pendant treize ans, à partir du couronnement de Richard, roi d'Angleterre et duc de Normandie : *Sciendum et quod monachi prenomi-*

---

(1) Un acte de vente de plusieurs rentes, en 1283, désigne cette forêt sous le nom de *Foresta de Aquosa*. Dans le même acte, on cite le bois de *Locus*, qui n'est séparé de cette forêt que par le vallon du Mesnil : *nemus quod vocatur Losqueu*. En 1670, le bois de *Locul* appartenait aux religieux du Pré. Nous supposons que ce bois est celui dont il est question dans l'acte de donation de Durand de *Hostilli*.

*nati primos tredecim annos post primam coronationem domini Ricardi regis Anglie.* On voit figurer au nombre des témoins : Regnauld de Mesnières, Matthieu et Geffroi de Bures (1). On trouve aussi un Hugues de Bures comme témoin au bas d'un acte de 1202, confirmatif du précédent.

En 1302, il y eut une enquête faite par le bailli de Caux, en présence de Philippe de Ricarville et du seigneur de Bures, de laquelle il résulta que le fief de Valoynes était de la seigneurie de Bures. D'après un aveu du 15 janvier 1602, la terre de la *Valonine* était un quart de fief de haubert.

C'est en cette année 1602 que fut élevée la belle et solide construction que nous décrirons sommairement. En arrivant par la plaine, on aperçoit une tourelle qui domine le corps du logis; mais il faut entrer dans l'enceinte formée par les bâtiments pour jouir de leur beauté. Un perron à double escalier, dont la devanture est ornée de colonnes en pierre, conduit à l'entrée du logis. La plupart des bâtiments sont bâtis en briques, excepté les voûtes, dont les arêtes et les clés sont en pierre. Les principaux ornements de cette construction sont des losanges, des trèfles en creux, des chaînes, etc. Les clés de voûte et les espèces d'écussons qui surmontent les portes offraient autrefois de nombreuses fleurs de lis; mais tout a été enlevé à la fin du siècle dernier.

En face du perron se trouve une grande porte pro égée

(1) Le sceau de cet acte est en cire verte et représente un lion rampant sur un écu; on voit un oiseau sur une branche au contre-sceau.

par six ou sept meurtrières placées au-dessus d'une pièce qu'on nous a dit être une ancienne chapelle; mais rien ne nous semble justifier cette qualification.

Enfin, on aperçoit, à divers endroits de cette construction, des R isolés ; c'est, à ce qu'il paraît, l'initiale des fondateurs, qui étaient les sieurs de Ricarville. On raconte que ces deux frères, à la suite d'une discussion, se battirent au pistolet, et que, les deux coups ayant parti à la fois, ils tombèrent tous deux frappés à mort.

La terre de la *Valouine* appartient actuellement à la famille de Fitz-James , et dépend de la commune de Saint-Valeri-sous-Bures.

Nous mentionnerons encore le fief de *Fanencourt* ou *Favencourt*, que nous supposons avoir été assis à Bures. En 1462 , Jehan de Cappeval et Jehanne de Fanencourt, sa femme, transportèrent , *pour eulx et leurs hoirs* , à Nicolas de la Croix , chevalier et seigneur de Tourpes, *escuier descurie du roy*, ce fief de Fanencourt, tenu du prieur du Pré. A l'égard de ce fief, *plusieurs descords et différences furent meuz et intentez* entre le prieur du Pré et messire Colbert de la Croix, seigneur de La Salle et de Tourpes.

Enfin, nous terminerons par le fief de Tourpes, dont il vient d'être question, et dont nous aurons occasion de parler dans l'article consacré à cette seigneurie.

# FOIRE ET MARCHÉS.

—

Pendant longtemps, nous avions fait d'inutiles recherches pour découvrir les traces d'un marché que nous supposions avoir existé à Bures, lorsque nous avons lu, dans l'*Inuentaire des Tiltres du Prieuré de Nostre Dame de Bonnenouuelles faict en lan* 1671, une transaction de l'an 1323, entre Jean de Valiquierville et Jeanne de Tendos, sa femme, d'une part, et les religieux du Bec, d'autre part. Dans cette pièce, les religieux se plaignaient (*se douloient*) de ce que les dicts chevalier et dame *n'avoient fieu* (fief) *ne demaine* (domaine) *et avoient tourné le cours de l'eaue hors de son droit cours anchien* (ancien) *pour aller a un moulin que il ont fait et edifié de nouvel en fieu que il tenoit des dis religieux.....* En outre, les plaignants prétendaient que *les hommes reseans* (résidant) *au dis fieu ne povoient vendre pain a jour dessus semaine en leurs maisons sans paier plaine coustume ne en leur hales et estaux ne as jour de leur marchies* (marchés) *et foire que il ne paiassent ou deussent paier plaine coustume halage et estalage.* Nous concluons de là qu'il y avait à Bures foire et marchés, avec halles et étaux taxés à un droit de *coustume* payable aux religieux du Bec, comme seigneurs de Bures.

En 1340, nous retrouvons un *compromis* pour terminer le différend qui était survenu de nouveau entre le prieur de N.-D. du Pré et le sieur de Valiquerville, *sur ce que le dit prieur disoit quez* (que dans les) *jours qu'il foisoit labourer ses terres de Bures nul des habitants dudit lieu ne pouuoit labourer les siennes mais estoit obligé d'aller aider led. prieur.* Nous ne savons quels étaient les droits du prieur du Pré, mais ses prétentions nous paraissent ici bien capables d'exciter le mécontentement des habitants de Bures.

L'*Inventaire* où nous puisons nos renseignements mentionne, à partir de 1474, des baux du droit des *étaulx* de Bures. Nous y trouvons également mention d'une requête, qui remonte au moins à cette époque, présentée au comte de Tancarville *par dix ou environ pauvres hommes de la paroisse de Bures, potiers de terre, boulangers et brasseurs,* afin qu'on les laisse jouir de leurs droits en la forêt d'Eawy. Un autre acte, de 1445, nous apprend qu'une des rues de Bures s'appelait : *Rue aux Potiers.* Ces simples indications suffisent pour nous signaler l'industrie d'une partie des habitants de Bures à cette époque reculée. Nous ajouterons qu'une permission fut accordée, en 1520, à Colin Criquet de construire un moulin à l'huile dans une petite île qui porte encore le nom de *Moulin-à-l'Huile,* quoique le moulin soit détruit depuis longtemps. L'huile qui se fabriquait là devait être de l'huile de faîne et de l'huile de noix. Une déclaration d'Antoine Verdier (1618) nous montre qu'on payait aussi aux officiers du prieur un droit sur la vente des boissons, et qu'on était tenu de déclarer la quantité vendue chaque année.

Les habitants de Bures étaient donc dans une grande dépendance des religieux du Pré; mais en revanche ils jouissaient de quelques exemptions. C'est ainsi que, tandis que les autres paroisses de la châtellenie d'Arques payaient une redevance pour l'entretien du château de ce lieu, celle de Bures était exempte. On lit dans une ordonnance rendue à ce sujet, le 17 novembre 1399, par Charles VI, roi de France : *La paroisse de Bures neant pour ce quilz sont hommes du prieur du Pré et se sont opposés et en est procès en lassise darques.*

Un arrêté d'Andrieu Bourgoise, lieutenant général de la seigneurie et haute justice de Bures, pour les religieux de N.-D. du Pré (16 mars 1541), réclame cette exemption en faveur d'Antoine Fournier, attestant qu'il est *homme tenant et resséant de la baronnye de Bures dont les manans et habitans sont francz quictes et exemptz de pontz passaiges rivages louvetages pontaiges barrages chaussees travers acquitz malletotes et de tous autres tribuz acquitz et subsides par dons faitz ja auditz religieux du Pré par feus de bonne memore les roys de France et ductz de Normandie.....*

# MOULIN BANAL.

—

Il y avait à Bures un moulin banal, c'est-à-dire
que tous les vassaux du seigneur du lieu étaient
assujétis à venir y faire moudre leur blé. Il n'y avait
d'exemption que pour les gens de Tourpes. On avait
voulu les y contraindre; mais une sentence rendue
en 1664 décide que *les manants dans le château de
Tourpes ne doiuent payer aucun droit de moulture au
moulin de Bures.*

Les autres possesseurs de biens à Bures étaient
même obligés de payer le droit de *verte moulte*,
quoiqu'ils fussent *ressëans* (résidants) hors du fief.
Ce droit était en Normandie de la 16me gerbe de ce
que le vassal consommait. Un jugement fut rendu
en ce sens, en 1587, en faveur du baron de Bures,
à l'égard de ceux qui possédaient des terres *dans
l'estendue de la dite baronnie.* En 1653, une même
sentence fut rendue relativement à ceux des habitants
de Fresles qui se trouvaient dans le même cas.

# DOYENNÉ DE BURES.

—

Jusqu'à la seconde moitié du XIII° siècle, Bures fut le chef-lieu d'un doyenné qui dépendait de l'archidiaconé d'Eu. Il se composait de seize paroisses : Meulers (*Meilliers*), Omoy (*Sta Muria de Omay*), Dampierre (*Dampetra*), Freulleville (*Freulevilla*), Maintru (*Mendren*), Ricarville (*Ricarvilla*) , Equiqueville (*Esquequevilla*) , Sᵗ-Valery (*S.Valericus*), Beaubequet (*Bellum-Becquetum*), Saint-Martin-l'Hortier (*S. Martinus de Urtiaco*), Aulage (*Aurlagium*), Bures (*Bure*), Bully (*Burleium*), Pomme-réval (*Pommereval*) , Mesnières (*Maneria*) et Fresles (*Freelle*).

Le *Regestrum Visitationum* d'Eude Rigaud cite encore le doyenné de Bures, en 1258. En cette année, le 9 janvier, il réunit les prêtres de ce doyenné dans l'église de Notre-Dame-d'Aliermont, *visitavimus presbyteros decanatus de Buris, in ecclesia Beate Marie Alacris Montis.* Mais ce doyenné fut supprimé plus tard par ce même archevêque, qui réunit au doyenné d'Envermeu les neuf premières des paroisses que nous venons de citer, et les sept autres au doyenné de Neufchâtel.

La paroisse désignée sous le nom de *Beaubequet* a été fondée, au XIII° siècle, par les religieux de Beaubec; plus tard, on la nomma *Ventes-d'Eawi*; aujourd'hui on l'appelle *Grándes-Ventes*.

Après avoir été chef-lieu de doyenné jusqu'à la fin du XIII° siècle, Bures a fait partie du doyenné de Neufchâtel jusqu'à la fin du siècle dernier, et, depuis la nouvelle organisation des cantons actuels, il dépend de Londinières.

# LE PRIEURÉ.

—

Il y avait autrefois, à Bures, un prieuré dépendant de celui de Bonne-Nouvelle fondé, en 1060, sous la dénomination de Notre-Dame-du-Pré, dans un fond appartenant à l'abbaye du Bec-Hellouin, au faubourg d'Emendreville, aujourd'hui Saint-Sever, près Rouen. C'est par suite de cette dépendance que nous voyons l'abbé du Bec accompagner Eude Rigaud dans la visite qu'il fit au prieuré de Bures, en 1250. Le *Regestrum Visitationum* nous apprend que ce prieuré n'était alors habité que par deux moines, qui s'occupaient tellement du commerce qu'ils omettaient la célébration du saint sacrifice. L'archevêque leur reproche aussi de manger de la viande sans nécessité, et leur ordonne de faire la pénitence prescrite dans les statuts du pape Grégoire, sans quoi il les punira grièvement. Dans tous les cas, il leur ordonne de demander la permission à leur abbé, qui peut les dispenser de la peine contenue dans les statuts. Les moines sont encore repris pour se servir de matelas, *de usu culcitrarum,* et pour n'avoir point de règle; il leur est enjoint d'en demander une au prieur du Pré.

Les revenus du prieuré de Bures étaient touchés par l'abbé du Pré, et les moines du lieu n'avaient que les choses nécessaires à leur entretien. Toutefois, il leur était permis, en 1265, de pourvoir à la nourriture de leur famille, et ils donnaient alors l'aumône, trois fois la semaine, à tous ceux qui se présentaient.

Avant d'appartenir aux religieux du Pré, le prieuré de Bures était une possession de l'abbaye de Saint-Amand. Voici ce que dit à ce sujet M. Barabé dans ses intéressantes études de paléographie et de diplomatique : « En 1209, dans un accord relatif à la prestation annuelle de *quatre muids* de froment à livrer par le prieur du Pré à l'abbaye de Saint-Amand, en échange des possessions de cette dernière, situées à Bures, celui-ci, en cas de retard au terme marqué, se soumet à livrer une surmesure d'un demi-muid aux mêmes religieuses, obligation qui ne doit fléchir, pour le cas de peste ou de guerre, que d'après l'arbitrage *de prud'hommes.* »

Nous pensons que le prieuré de Bures était situé au sud de l'église paroissiale, sur la propriété appartenant aujourd'hui à M. Simon, ou bien de l'autre côté de la rue, sur la propriété de M. Delaunay, au-dessus de la fontaine. Ce qui nous fait arrêter à cette opinion, c'est que la rue qui passait autrefois entre ces deux propriétés était désignée, sur un ancien plan de la commune, sous le nom de *Rue-sous-le-Moustier.* Cette rue, qui alors était le principal chemin de Bures à Neufchâtel, faisait suite à la petite rue dite *de Bordeaux,* et se dirigeait par le *Manoir de Bray.*

Le prieuré de Bures devait être habité au moins par deux moines, *debent ibi esse ad minus duo monachi,* est-il dit dans le procès-verbal de la visite archiépiscopale du 18 juillet 1265. L'abbé du Pré était présent à cette visite, et l'archevêque, qui était venu coucher la veille, toucha une procuration de 10 *livres* 16 *sous* (1).

Nous ne saurions dire en quelle année le prieuré de Bures a cessé d'exister.

(1) On donnait le nom de *procuration* à une somme d'argent payée à l'évêque et aux archidiacres, dans le cours de leurs visites, pour les dédommager en partie de leurs frais de voyage.

# L'HOPITAL.

—

Sans pouvoir l'affirmer, nous supposons que cet hôpital était situé auprès de l'église, sur la propriété de M. Simon, et qu'il fut transféré, vers la fin du xiii° siècle, dans les dépendances du manoir des ducs de Normandie, dont nous avons parlé. Son existence nous a été révélée par le *Regestrum Visitationum* d'Eude Rigaud, dans lequel est mentionnée une visite de l'actif prélat, faite le 13 janvier 1256. Il trouva dans cet établissement un prieur et trois chanoines, auxquels il reprocha de ne point se confesser assez souvent. Il y avait aussi cinq sœurs chargées du soin des malades. Au reste, les choses étaient en assez bon état, *alia sunt satis in bono statu*, et il n'y avait pas plus de 40 livres de dettes.

Il nous paraît certain que ces trois chanoines jouissaient des trois *prébendes* de Bures, données aux religieux de Bonne-Nouvelle de Rouen, en 1150, par Geoffroi Plantagenet, duc de Normandie. Ces chanoines devaient être chargés de célébrer l'office divin dans la chapelle des ducs de Normandie, qui se trouvait au bas de l'église actuelle de Bures.

4

# ÉGLISE.

—

L'église de Bures est sans contredit la plus intéressante des environs. Afin de mettre un peu d'ordre dans ce que nous devons en dire, nous l'examinerons par parties, en commençant par l'extérieur.

Le porche était beaucoup plus grand qu'il est actuellement; mais, comme il tombait en ruines, il a été diminué des deux tiers, vers 1856, en conservant son ancienne disposition.

Les murailles de la nef sont du xi' siècle. Sur celle du sud, au-dessus d'un cordon placé à quatre mètres du sol, on voit la trace de plusieurs fenêtres étroites. Ces fenêtres primitives ont été remplacées par les trois qui existent actuellement, vers la fin du xv' siècle. Au nord, le mur offre la trace de deux grandes arcades à plein cintre, séparées par une colonne. Un vieillard du pays nous a assuré avoir entendu dire que ces arcades étaient les restes d'une chapelle des ducs de Normandie. Cette tradition nous paraît très-vraisemblable.

Les trois fenêtres qui éclairent ce côté de la nef demandent un mot d'explication. La plus rapprochée du clocher est de la même époque que celles du côté droit. Celle qui la suit a été ouverte au xvi° siècle ; mais elle a été rétrécie d'un tiers en 1867. C'est à cette dernière époque que la plus rapprochée de l'orgue a été percée. Elle a été établie avec divers débris de pierres provenant de l'église de Saint-Valeri, donnés par M. Paul Havet. Il avait acheté les murailles de cette église, qui ne servait plus au culte catholique depuis 1832.

A droite et à gauche de la nef, on voit la trace de deux portes qui ont été bouchées. Ces deux portes étaient réservées spécialement pour les possesseurs de deux portions de fief, qui jouissaient du droit de chapelle en l'église de Bures.

La porte du midi donnait entrée à l'autel *Saint-Adrien*, placé contre le pilier. Le titulaire de cette chapelle, qui consistait en un autel et un banc, était, en 1669, Jacques de Bourgoise, seigneur de Pommeréval, verdier de la forêt d'Eawy, dont le siége était à Bures, marié en premières noces à Charlotte de Pelletot. La statue de saint Adrien a disparu dans le flot révolutionnaire du siècle dernier ; mais la console qui la supportait a été épargnée. On y voit accolées les armes des châtelains dont nous venons de rappeler le souvenir : — DE BOURGOISE DE POMMERÉVAL, *d'argent au lion de sable, armé et lampassé de gueules*, avec *trois lions d'or* pour supports et cimier ; — DE PELLETOT, *palé d'azur et d'or de six pièces, au chef de gueules chargé de quatre fusées d'argent.*

Cet autel avait été réédifié à la suite d'un arrêté de

l'archidiacre, en date du 20 juin 1621, qui défendait de
célébrer la messe sur l'autel de saint Adrien *qu'il ne soit
refait, et ce à peine de supplice.* La console dont nous
venons de parler atteste que le travail de restauration fut
soigneusement exécuté. Mais il paraît que le sire de
Pommerval avait pris de là occasion d'empiéter sur les
droits du seigneur patron de l'église, car nous trouvons,
dans l'*Inventaire des tiltres du prieuré de Nostre Dame
de Bonnenouuelles faict en lan* 1671, la mention d'une
sentence par laquelle il fut condamné « de faire biffer la
litre (1) qu'il auoit fait mettre dans et dehors l'église
de Bures. »

La porte du nord était réservée à la famille du
Monduet, qui payait une rente pour sa chapelle dédiée
à saint Roch. Par suite de contestations, cette chapelle
fut supprimée au commencement du siècle dernier, mais
il fut reconnu plus tard que, par contrat du 8 mai 1639,
Michel de Croutelle, écuyer, sieur du Monduet, avait
fondé en l'église de Bures, moyennant *une rente
perpétuelle et irraquittable de dix liures,* la chapelle de
saint Roch pour sa sépulture et celle de ses successeurs.

Le 29 avril 1714, Antoine et André de Croutelle,
écuyers, sieurs de Maisonneuve et du Mesnil, *freres
enfans dud<sup>t</sup> sr du Monduet,* intentèrent une action aux
trésoriers de l'église, afin de faire réédifier la chapelle
qui avait été *razée et démolie.* Le 8 juillet, le bailliage
d'Arques rendit une sentence favorable aux réclamants,

(1) On sait qu'on désigne sous le nom de *litre* une bande noire sur
laquelle le seigneur du pays faisait peindre ses armoiries.

et la chapelle fût rétablie, avec autorisation de *mettre à la muraille une épitaphe et leurs armes qui estoient d'ancienneté*. Vivement contrariés par cette sentence, les administrateurs de l'église firent placer *vn cadre neuf sur l'autel de la d<sup>e</sup> chapelle* de manière que *la veüe du maistre autel fut ostée*. Mais cette petite vengeance leur réussit mal : *les d<sup>ts</sup> s<sup>rs</sup> de Maisonneuve et du Mesnil* furent autorisés à *faire ouverture au cadre pour auoir la veüe aud<sup>t</sup> m<sup>e</sup> autel*. Il est aisé de comprendre que cette autorisation fut loin de rétablir la paix. Aussi voyons-nous les trésoriers faire définitivement boucher la porte de la chapelle en 1752 (1).

En 1791, le sieur de Croutelle refuse de payer sa rente, parce qu'on a démoli cette chapelle, où il avait droit de sépulture, et dans laquelle on devait célébrer un obit pour sa famille, et aussi parce qu'on lui refuse une place de banc dans l'église. On prend une délibération pour le poursuivre; mais la révolution arrive, et les choses en restent là. Puis, à la suite de la grande catastrophe sociale, la rente est payée de nouveau, jusqu'à ce que M. Adrien-Raymond de Croutelle en demande et obtienne le remboursement en 1854.

En feuilletant les archives de l'église de Bures, il est aisé de reconnaître que, par suite de la négligence ou du mauvais vouloir des habitants, cet édifice serait tombé

(1) Il y avait alors pour curé de la première portion de Bures un chicanier de première force qui, cinq ans plus tard, consentait à *démolir un four et un palis qu'il avait fait construire en anticipant sur le cimetière*, et à remettre au trésorier *979 liv. 2 s. 3 d.* que l'église avait dépensés pour soutenir deux procès contre lui.

en ruines depuis longtemps, s'il n'avait été solidement
bâti. Ce qui nous étonne, c'est qu'il ne se soit pas totalement écroulé pendant qu'on passait de longues années
à délibérer sur sa conservation. Nous allons immédiatement fournir les pièces à l'appui de notre appréciation.

Le 1ᵉʳ juin 1732, les habitants se réunissent *en commun*
et nomment Louis Delaunay pour *faire faire les rédiffi-*
*cations et réparations nécessaires au clocher et a tous les*
*lieux nécessaires de l'église,* et l'on emploie 525 *liv.* 15 *s.*
*au travail d'un pan de la muraille du clocher,* du côté
de l'ouest.

Le 15 avril 1742, on s'assemble de nouveau *en état de*
*commun,* et l'on reconnaît que l'église a encore un
pressant *besoin de rédiffications et réparations.* François
Lelatteux est nommé pour les faire exécuter, et dépense
environ 200 *livres* au beffroi du clocher, aux moutons
des cloches, aux couvertures et aux fenêtres.

Au bout de quelques années, le pignon de la chapelle
du sud s'écroula, et une adjudication de 2400 *livres* fut
passée pour le réédifier, ainsi qu'un pan de la tour du
clocher et plusieurs autres parties de l'édifice. Mais
cette somme se trouva insuffisante, attendu qu'une trop
longue négligence avait rendu les réparations beaucoup
plus considérables qu'on l'avait pensé. Le 16 mars 1752,
les trésoriers, principaux habitants et propriétaires
reconnurent donc qu'il était de toute impossibilité
à l'adjudicataire de continuer les ouvrages commencés,
et lui allouèrent 220 *livres* à ajouter aux 2400 *livres*
prélevées sur tous les biens-fonds de la paroisse. D'un
autre côté, il fallut prendre les mesures nécessaires pour

contraindre à payer leur part les habitants du Mesnil et de Follemprise, qui s'y refusaient. Une autre difficulté venait de ce que plusieurs propriétaires, qui avaient bonne volonté, n'avaient point d'argent; ce qui avait porté Claude Pernet, notaire royal, trésorier de l'église, à avancer 200 *livres* à l'adjudicataire des travaux, dès l'année 1750, *pour faciliter les propriétaires qui n'étoient pas en état pour lors de payer.*

L'année suivante, le 8 juillet 1753, on se trouve dans la nécessité d'ajouter *un pillier buttant au pignon de la chapelle,* et l'on constate le mauvais état de la couverture de la nef, à laquelle le trésorier est autorisé à *faire faire en neuf le plus qu'il pourra.*

La dépense faite au beffroi en 1742 ne l'avait pas consolidé; il fut reconnu, le 23 août 1761, qu'il se trouvait *hors d'état de pouvoir subsister par état de vétusté.* On construisit donc le beffroi qui existe encore, auquel on dépensa 397 *liv.* 6 *s.* 6 *d.* Mais, à la suite de ce travail intérieur, on ne tarde pas à reconnaître le besoin de faire dresser un devis des travaux à entreprendre *pour la rédification du clocher qui menace sa destruction.* Il est à remarquer qu'on n'oublie pas, en cette circonstance, de consigner la nécessité de placer sur le clocher *un coq neuf en cuivre doré.* Cette dépense, qui se monta à 26 *livres,* fut la première faite. En effet, un *coq doré* sur un clocher qui s'écroulait était bien nécessaire pour prêcher la vigilance à ces braves gens! Par la même occasion, on dépensa 130 *livres* à la couverture de la flèche. On ne fit rien autre chose pour le moment.

Cependant, une véritable reconstruction devenant de jour en jour plus pressante, on décida, dans une réunion qui eut lieu le 13 novembre 1777, que le clocher serait visité de nouveau, afin de reconnaître les travaux nécessaires. Le 14 décembre suivant, il fut arrêté qu'on procéderait à une adjudication au rabais. Rien ne se fit, et, dans une nouvelle assemblée tenue le 20 août 1780, le trésorier représenta qu'il serait bon de consolider les principales pièces de bois avec des barres de fer, *pour empêcher la chute du clocher.*

C'est à la suite de cette représentation que les habitants se réunissent, le 5 novembre, *pour délibérer de rechef sur la réparation et rédification du clocher qui menace ruine et chute évidente... Vu l'énormité de la somme à laquelle a été ci-devant estimée la réparation, il paraît plus avantageux de faire réparer les murs de la tour quarrée sur laquelle est posée la flèche et d'en faire construire une nouvelle qui ne sera que d'environ un tiers de la hauteur de celle qui existe actuellement* (1). On charge donc le trésorier de faire faire deux plans (l'un en forme de pointe, l'autre en forme de petit dôme) le plus tôt possible, attendu qu'*il est à craindre que le cloché ne tombe avant que la reconstruction puisse être faite.*

Le 21 janvier 1781, nouvelle réunion des principaux propriétaires, qui adoptent le plan présenté par le sieur Prout, entrepreneur de travaux à Dieppe, et le sieur

(1) Le clocher, dont la hauteur totale est d'environ 53 mètres, devait être abaissé à 31 mètres.

Deslande, de Serqueux. Il est décidé qu'il faut *se pour-*
*voir devant monseigneur l'intendant aux fins d'être*
*autorisé à faire faire tout ce qu'il appartiendra pour la*
*dite reconstruction.....* Et l'on paye 72 *livres pour les*
*devis et plans.* On fait même imprimer 50 placards (1)
pour annoncer que l'adjudication des travaux (3,462 *liv.*
10 *sous*) aurait lieu au rabais, à Dieppe, le mercredi
6 juin 1781. Mais les placards ne furent pas affichés.

Le 26 mai, l'intendant ordonne une *contre-visite à*
*celle faite par les sieurs Prout et Deslande qui avoient*
*conclu à la démolition du clocher.* Cette contre-visite
avait été demandée par plusieurs propriétaires de la
paroisse. En *voyant le clocher subsister après l'ouragan*
*du 28 février*, ils avaient pensé *qu'il pourroit durer*
*longtemps encore, au moyen de quelques réparations.*

Le 1er juillet, dans une nouvelle réunion *en état de*
*commun,* on décide que le clocher sera visité par les
sieurs Baudribos et Doulé, charpentiers-entrepreneurs,
*lesquels donneront leurs procès - verbaux soit pour la*
*réparation, soit pour la reconstruction d'icelui clocher.*

Le 12 août, *messieurs les religieux bénédictins de*
*l'abbaye royale de la très-sainte Trinité de Fécamp,*
*seigneurs collateurs et gros décimateurs de cette paroisse,*
*dument apellés*, un grand nombre de propriétaires,
approuvent les plan et devis présentés par Baudribos
et Doulé, *tant pour les réparations au clocher que sur*

---

(1) L'un de ces imprimés, conservé dans les archives du château de
Mesnières, n'a pas moins de 1 mètre 63 centimètres de hauteur sur
0 m. 45 c. de largeur.

*la voute de la chapelle de la S<sup>te</sup> Vierge*. L'abbé Villeroy, curé d'Aulage, convoqué comme propriétaire, signe *en protestant de nullité de la délibération et devis*....... Et l'on paye 45 *livres* pour le nouveau devis.

Le 18 novembre, on tient encore une assemblée pour reconnaître qu'*il n'y a ni deniers ni fonds à la fabrique, mais que la communauté des propriétaires entend qu'une juste répartition sera faite sur les biens fonds*. En outre, on arrête qu'il sera présenté une nouvelle requête à Mgr l'intendant, *afin d'en obtenir ordonnance de faire généralement tout ce qui sera nécessaire pour parvenir aux réparations et au payement*.

Le 24 février 1782, a lieu une réunion dans laquelle il est donné lecture d'un procès-verbal de visite du clocher, fait par le nommé Bosquier, de Saint-Saens, qui avait été envoyé par Mgr l'intendant. Ce procès-verbal est rejeté comme inutile, *nonobstant l'opposition de M. Villeroy, seul de son parti*.

Le 2 juin, le sieur Dumontier, receveur de M. le marquis de Poutrincourt, proteste contre une délibération qui vient d'être prise pour demander à Mgr l'intendant une ordonnance, afin de hâter les travaux.

Les choses en restent là pendant près d'un an. Enfin, on se met à l'œuvre en 1783, et le 5 octobre, en vertu d'une ordonnance de Mgr l'intendant, a lieu une réunion *en commun*, dans laquelle on nomme, *pour faire le rolle de répartition des ouvrages du clocher, mur et voute de la chapelle de la S<sup>te</sup> Vierge, sur tous les propriétaires de biens fonds de la paroisse de Bures et des hameaux de Mesnil-aux-Moines et de Follemprise*, savoir : M. l'abbé

Villiot, seigneur et haut justicier ; M. le marquis de
Poutrincourt ; M. le baron du Feugueray ; M. Guillaume
Villeroy neveu. Cette décision est suivie des protestations
du sieur Dumontier, au nom de M. de Poutrincourt, et
de l'abbé Villeroy, curé d'Aulage, au nom de son neveu.
Plusieurs fois, notamment le 11 janvier 1784, on
avait demandé que les habitants de Burette fussent
appelés à contribuer *aux frais des travaux faits à l'église
matrice de Bures*. Mais ils refusèrent toujours leur
concours, et, réunis *en commun*, le 25 juillet 1784,
ils chargèrent M. de Saint-Ouen, de Beauval, de soutenir
leur refus et de *constituer avocat au siége de Bures* pour
défendre leurs intérêts. D'après l'avis favorable des
avocats Vimar et Moulin, de Rouen, l'affaire fut entamée
au mois de décembre suivant. Mais, comme elle ne
paraissait pas devoir se terminer à l'avantage des
habitants de Burette, ils se réunirent le 7 novembre
1785, et arrêtèrent qu'ils ne poursuivraient pas *en plus
outre le procès intenté en la haute justice de Bures*
relativement au payement des travaux du clocher.

Ces travaux étaient à peu près terminés, et le sieur
Baudribos, l'un des entrepreneurs, avait trouvé la mort
en les exécutant (1); mais les fonds destinés à solder

(1) Le jeudi vingtième jour du mois de mars 1783, le corps de Jacques-
Nicolas Baudribos fils , maître charpentier entrepreneur de la paroisse
d'Offranville-en-Caux, âgé de 45 ans, décédé du jour d'hier en la communion
des fidèles, dans la tour de cette église, y étant tombé d'environ quarante-
cinq pieds de haut, en travaillant au clocher de la dite église, vu le permis
de M. de la Coudre, juge do Bures, daté de ce jour, resté en nos mains,
y recours, a été inhumé dans le cimetière de cette paroisse, par moi curé

l'entreprise étaient loin d'être disponibles. C'est pourquoi, dans une réunion du 15 février 1784, on décide qu'il faut absolument prendre des mesures, afin que le sieur Doulé, le survivant des entrepreneurs, soit payé *au plus tot de la moitié de la somme à lui due et le surplus après le parfait jugé des ouvrages.* Or, pour opérer ce payement, il fallait que les membres de la commission nommée précédemment établissent le rôle de répartition de l'impôt. C'est précisément ce qu'ils n'avaient pas fait. Aussi, dans une réunion du 7 mars, nomma-t-on de nouveaux membres pour établir ce rôle : Andrieu, Guillaume Garin, Alexandre Beaumont et Nicolas Rose.

On reconnaît, en feuilletant les archives locales, que celui qui figure en tête de la nouvelle commission, Guillaume Andrieu, sergent, était un esprit brouillon qui cherchait à faire régner la division dans la paroisse. Aussi, dans une réunion *en commun* qui eut lieu le 28 janvier 1781, avait-il été donné lecture d'une ordonnance du marquis de Belbeuf, procureur général en la cour du Parlement, par laquelle il était défendu, pour la seconde fois, audit Andrieu de *se présenter dans les assemblées.* Mais, comme tous les esprits tracassiers, Andrieu était actif ; c'est ce qui le fit choisir

de Bures soussigné, en présence de Pierre Baudribos son père, et de Michel Fizet son beau frère, aussi charpentier, de la paroisse de Tourville-sur-Arques, le dit Baudribos père, charpentier de la dite paroisse d'Offranville, témoins avec nous soussignés.

*Michel Fizet. Pierre Baudribos. Nicolas Fizet. F. Langlois, curé de Bures, p. p.* (première portion).

pour terminer une affaire qui traînait en langueur depuis si longtemps. Eu effet, les choses marchèrent assez vite, et, le 17 juin 1784, Nicolas Poullain, *entrepreneur d'ouvrages*, demeurant à Sainte-Agathe, était appelé pour faire la visite de réception des travaux exécutés au clocher.

Depuis cette époque, la couverture du clocher a été bien mal entretenue pendant plus d'un demi-siècle. Aussi, a-t-on dû se livrer plus tard à des réparations assez coûteuses. Par surcroît de misère, le tonnerre tomba sur la flèche dans la nuit du 18 au 19 mars 1846, et occasionna une nouvelle dépense de 150 francs.

A part diverses réparations à la couverture du clocher, on dépensa 1,020 francs pour couvrir le chœur en ardoises, vers 1845. Il est regrettable que, au moment de l'exécution de ce travail, on ait démoli la muraille en pierre qui formait le pignon, pour la remplacer par la croupe anormale qui existe aujourd'hui. L'architecte l'a voulu, et l'administration l'a approuvé !

En 1855, on a aussi employé une somme de 3,000 francs à la couverture de la nef. Les deux chapelles ont également été couvertes en ardoises en 1869.

La chapelle de Saint-Paterne est éclairée par une fenêtre ogivale, pratiquée en 1860, qui remplace la grande fenêtre carrée établie au moment de la reconstruction de la muraille. Une autre fenêtre a été bouchée, au xvi^e siècle, au moment de la construction d'une petite sacristie qui ressemblait à une cave et a été remplacée, en 1857, par la sacristie actuelle, pour laquelle on a dépensé 330 francs, tout compris. Enfin, un œil-de-bœuf, qui a dû former primitivement une belle rosace, existe encore au-dessus de la petite porte.

La chapelle de la Sainte-Vierge a deux fenêtres en pointe, du xiii° siècle. Une troisième, qui se trouvait derrière l'autel, a été bouchée au xvi° siècle, et remplacée par un bas-relief dont nous parlerons plus loin.

La muraille du chœur est percée de cinq fenêtres qui annoncent le xiii° siècle : deux au nord, partagées par un meneau ; deux au midi, divisées par deux meneaux ; celle du chevet, à trois meneaux, et entièrement semblable à celle de Bailleul-sur-Eaulne, dont le magnifique chœur est éclairé par une douzaine de fenêtres à lancette.

Maintenant, retournons sur nos pas et entrons dans le saint lieu, après avoir donné un coup-d'œil au portail, qui annonce la fin du xiii° siècle et a été restauré en 1857. Les colonnettes sont ornées de chapiteaux à feuilles de vigne, de chêne, etc.

La porte de l'église a été faite au moment de l'exécution des travaux dont nous allons parler (1). Disons seulement que le dessin des ferrements a été pris sur ceux de l'une des portes de la cathédrale de Rouen, et que le bois, ainsi que celui de la chaire, provient de poutres inutiles qui étaient supposées soutenir les sommiers du berceau de la nef. L'anneau qui sert à soulever la clenche rappelle un ancien usage que nous mentionnerons en deux mots. A une époque reculée, on plaçait un grand

---

(1) L'ancienne porte offrait aux chats l'avantage de pouvoir passer en-dessous, pour aller faire la chasse aux souris qui venaient ramasser les miettes de pain bénit.

anneau aux portes des églises, et le coupable ne pouvait plus être arrêté dès qu'il avait porté la main à cet anneau : il avait conquis en quelque sorte le droit d'asile dans l'église.

La première chose qui frappe les yeux, en entrant dans l'église de Bures, ce sont les fonts baptismaux. Les anciens, qui avaient été réparés avec du plâtre, s'écroulaient par morceaux, à cause du salpêtre dont ils étaient imprégnés. Un ouvrier fut chargé d'en faire de neufs, en copiant servilement ceux qui tombaient en ruines. Mais il remplit mal son engagement; les fenêtres simulées de la colonne sont seules parfaitement semblables à ce qui existait.

La gracieuse pyramide qui couronne les fonts était abandonnée dans un coin de l'église. C'est un ancien tabernacle du xvi° siècle, qu'on a fait restaurer et peindre, en distribuant les couleurs comme elles l'avaient été à l'origine. Mais, la cuve baptismale étant octogone et la pyramide hexagone, on a été obligé d'ajouter une pièce intermédiaire assez insignifiante, comme point d'union entre les deux.

Au-dessus des fonts sont placées les orgues, qui ont coûté 1660 francs. Ces orgues avaient été faites par M. l'abbé Duchemin, curé de Ferrières-lès-Gournay, pour M. l'abbé Richomme, curé de Conteville; mais, nommé à la cure de Bully, elles lui devinrent inutiles et furent acquises pour l'église de Bures au mois d'octobre 1856. On se mit aussitôt à l'œuvre pour construire une tribune, à laquelle on dépensa 282 francs, et, le jour de la Toussaint, tout le monde écoutait avec plaisir les sons harmonieux du nouvel instrument.

Pour le paiement de ces orgues, M. le curé eut recours à une souscription. Le moment n'était guère propice, à la suite d'une autre souscription ouverte pour entreprendre un vrai travail de restauration de l'église. Cependant, la nouvelle tentative produisit encore un chiffre de 686 francs 25 centimes, et la fabrique s'engagea à payer le surplus en six annuités.

Afin de ne point revenir sur la première souscription dont nous venons de parler, nous mentionnerons ici la somme recueillie : de S. M. l'Impératrice, 200 fr.; de l'Etat, 2,000 fr.; du département, 200 fr.; de la commune, 500 fr.; de la fabrique, 5,235 fr.; des habitants, 2,746 fr. 75 c.; total, 10,851 fr. 75 c. Cette somme a été employée aux murailles et à la couverture de la nef, à la restauration du berceau (voussure en bois), au pavage et aux vitres.

Pendant bien des siècles, l'usage d'enterrer les morts dans les églises fut assez commun ; mais, comme il en résulta certains abus, on finit par imposer un droit de sépulture, afin de restreindre cet usage, qui tendait à se généraliser, au point que ce qui avait été d'abord l'exception devenait la règle. Aussi voyons-nous l'archidiacre, dans sa visite du 18 septembre 1634, ordonner qu'il sera payé à l'avenir *soixante sols pour les grands corps et trente pour les petits corps* inhumés dans l'église de Bures. Nous avons reconnu, dans les comptes des trésoriers, qu'on ne réclama que les deux tiers de la somme fixée.

Dans la suite, il se fit annuellement 10 à 12 inhumations dans l'église. Le trésorier faisait niveler le sol, à mesure qu'il devenait inégal par suite de la pourriture du cercueil ou de la décomposition des cadavres. Il est à remarquer qu'on inhumait alors un grand nombre de corps enveloppés dans un simple linceul. On voit encore, dans les combles de l'église de Bures, une espèce de boîte allongée qui servait à faire le transport des défunts ainsi enveloppés.

En 1685, le compte du trésorier porte : *Payé au masson pour auoir fait quatorze journées de son trauail a refaire les tombes de l'église a raison de quinze sols par jour et dix sols pour la journée d'un cheual a amasser du sablon et autres materiaux..... 11 livres.* A cette époque, l'église n'était pas encore pavée, et la *refaçon* des tombes consistait à remplir le vide et couvrir la surface d'une couche de sable mêlé d'un peu de chaux. Dans la suite, on commença à paver çà et là, et à placer quelques bancs. Le 29 juillet 1750, nous voyons l'abbé Sehier, vicaire général, ordonner de continuer de paver l'église *dans les endroits où elle ne l'est pas, surtout à l'entrée du chœur.* Le trésorier paye 86 *livres,* en 1752, *pour avoir pavé en neuf le reste de la nef.*

En 1746, on construisit les douze premiers bancs ; leur loyer figure dans les comptes du trésorier pour la somme de 18 *livres* 12 *sols.* Quatre ans plus tard, l'abbé Durand, curé de deuxième portion, se charge de faire faire d'autres bancs uniformes, autant que besoin sera, *de façon qu'on puisse à l'avenir faire la procession autour du dedans de l'église.* On s'engage à le rembourser de la dépense, à l'aide du prix de la location. En 1759, les anciens bancs sont loués 25 *livres* 10 *sols,* et les quatorze

5

nouveaux produisent 32 *livres*. Plus tard, on en vint à garnir de bancs non-seulement la nef, mais encore les chapelles et tout le transept. Enfin, tout ces bancs, qui existaient encore en 1836, finirent par être supprimés, comme inutiles ou hors de service, et furent remplacés par des chaises et les bancs actuels, plus commodes pour ceux qui les occupent que gracieux dans la forme. En 1832, l'ancienne *légion* de bancs produisait la somme de 197 fr. 35 c. En 1869, le produit annuel des bancs et chaises est de 501 fr. 25 c.

Continuons notre course à l'intérieur de l'église.

Les poutres qui ont fourni le bois pour la porte de l'église ont également fourni celui de la chaire, qui a été faite par M. Spiridion Cartier, de Bures, moyennant 250 francs. Cette chaire devait être surmontée d'un clocheton (style du xiii° siècle), mais les grandes dépenses faites en quelques années n'ont pas permis de réaliser ce projet. Au reste, voici ce qui existe : la tribune de la chaire est supportée par des colonnettes copiées sur celles qui tapissent les piliers du clocher; cette tribune est polygone et ornée de fenêtres en relief dont le dessin a été pris sur celles du chœur; sur le panneau du milieu du dossier, on voit l'*alpha* et l'*oméga;* d'un côté, le livre de l'ancienne loi, avec les nombres I, II, représentant les deux grands préceptes de l'amour de Dieu et du prochain, sous la légende *Lex per Moysen;* de l'autre côté, le livre de la nouvelle loi, sur lequel sont les nombres I, II, III, IV, V, VI, VII, VIII, IX, X, figurant les dix commandements divins, avec la légende

*Gratia per Jesum;* l'abat-voix est orné d'une espèce de dentelle d'un assez bel effet (1).

Primitivement, la chapelle du sud avait été dédiée à sainte Barbe; elle est aujourd'hui sous le vocable de saint Paterne. La voûte de cette chapelle a dû s'écrouler entre les années 1671 et 1680 (années qui ont été déchirées dans le registre des archives), car nous trouvons une dépense de 15 *sous pour de la pierre blanche pour aider à raccommoder la voulte de la chapelle de S^{te}-Barbe,* en 1656, et il n'est plus question de cette voûte après 1680. Une somme de 400 francs a été portée au budget de la fabrique de 1871 pour remplacer le plancher actuel par une voûte en briques de plâtre.

Auprès de l'autel, on voit le gros *cierge* dit *de Saint-Paterne.* Le saint patron est représenté dans une verrière au bas de laquelle est une famille à genoux, implorant son intercession. Cette verrière, qui a coûté 300 francs, y compris les frais de pose et autres, a été placée en 1859, au moment de la transformation de la fenêtre; ce qui coûta seulement 55 francs, attendu qu'on avait eu soin de faire sécher d'avance le moellon destiné au travail, au lieu d'acheter de la pierre blanche au prix de 90 à 100 francs le mètre cube.

Selon l'usage, la chapelle du nord, dont la voûte a été réparée vers 1783, est dédiée à la Sainte-Vierge. Elle est éclairée par deux fenêtres à lancette, dont l'une est

_____

(1) Par suite d'un malentendu, le feston de la rampe est disposé à faux aplomb.

garnie d'une verrière représentant l'*Ecce Homo*, qui a été placée en 1859 et a coûté 300 francs.

Au-dessous de cette verrière est un *Sépulcre* composé de neuf personnages, non compris le Christ étendu dans le tombeau. Deux de ces personnages, Nicodème et Joseph d'Arimathie, sont de stature colossale et d'une très-belle expression ; les autres, sans offrir le même intérêt, ne sont pas sans valeur. Nous avons cru distinguer saint Jean, la Sainte-Vierge, Marie-Madeleine, Marie, sœur de Lazare, Marie, la pécheresse de Naïm, peut-être sainte Marthe, et une autre sainte femme tenant la *Véronique*, ou *vraie face* du Christ, empreinte sur le suaire qui fut posé sur son visage dans le tombeau. La façade du *Sépulcre* forme une double ouverture en accolade, qui annonce le xvie siècle. Au haut de deux colonnes se trouvent deux écussons recouverts de plusieurs couches de peinture ; ce qui empêche d'en reconnaître les émaux. L'un porte trois besans sur champ semé d'hermine ; l'autre une croix cantonnée de quatre têtes tirant la langue, quatre masques humains ou quatre léopards. Nous avons le regret de n'avoir pu découvrir, à l'aide de ces armoiries, le nom du donateur de ce curieux monument de la fin du xve siècle, ou du commencement du xvie (1).

(1) Ce sépulcre a été restauré en 1846. Voici en quelle circonstance : La majorité du conseil municipal ayant refusé de voter un supplément de traitement de 200 francs en faveur de M. le curé, celui-ci annonça au prône qu'il allait demander son changement. Alors le nouveau maire proposa de s'engager *personnellement* à faire le supplément. Cette généreuse proposition n'ayant pas été acceptée, on fit, dans la commune, une quête

Vers la même époque, une main beaucoup moins habile avait exécuté un bas-relief, derrière l'autel, représentant l'*Assomption de la Sainte-Vierge*, avec cette inscription : ASSVMPTA EST MARIA IN CELVM GAV (1). Au bas était le groupe des apôtres, qui a disparu dans les troubles de 1793 et a été remplacé en 1848 (2). Au-dessus des apôtres, qui ont tous les yeux levés vers Marie, on voit, d'un côté, un ange pincer de la guitare ; de l'autre, un autre ange jouer du violon ; au-dessus, deux anges soutiennent la Vierge ; plus haut, deux nouveaux anges, une cassolette sous le bras, balancent un encensoir ; enfin, à la partie supérieure, un ange en adoration sert de console pour supporter un siége destiné à la Vierge ; puis, au-dessus de ce siége, le Saint-Esprit, en forme de colombe ; à droite, Dieu le père, tenant le monde dans sa main ; à gauche, J.-C. avec sa croix. Au bas de ce groupe, se trouvent deux personnages, un de chaque côté : l'un tient une trompette, l'autre a les mains posées sur une espèce de clavecin. Peut-être a-t-on voulu

---

de 267 francs qu'on apporta au presbytère. Comme une seule personne avait refusé de contribuer à cette souscription, les conseillers récalcitrants promirent de voter à l'avenir le supplément ; la promesse fut agréée, et, au lieu de garder les 267 francs, M. le curé les fit employer à la restauration du tombeau de Notre-Seigneur.

(1) Le peintre avait voulu mettre GAVDETE ; mais, ayant mal distribué la place dont il pouvait disposer, il s'est vu obligé de supprimer DETE.

(2) Ces douze statuettes ont été faites par le sieur Tirant, de Neufchâtel, ainsi que les statues de sainte Marguerite et sainte Catherine, qu'on voit de chaque côté du bas-relief, sous deux dais en pierre habilement travaillés.

représenter deux trésoriers, ou les donateurs du bas-relief qui, pour être dépourvu de mérite artistique, n'en est pas moins digne d'être conservé. Le lustre, ainsi que la statue de la Sainte-Vierge, perchée au haut de la chapelle, ont été donnés, en 1836, par M. l'abbé Lesueur, originaire de Bures, curé de la paroisse de Saint-Patrice de Rouen.

Le confessionnal a été fourni, en 1869, par la maison Lévesque, de Paris, moyennant le prix de 750 francs, emballage et port compris.

Dans un coin de cette chapelle, on voit un cercueil qui contient un squelette humain, en bois ; c'est la *Représentation,* qu'on place à l'entrée du chœur dans les services funèbres et tous les premiers dimanches du mois, après la messe paroissiale, pendant qu'on chante un *Libera* pour les fidèles défunts. En ces circonstances, on place le drap des morts sur la *Représentation.* Comme le dessus du cercueil s'ouvre à l'aide de charnières en fer, nous sommes convaincu qu'on mettait autrefois le squelette à découvert en certaines circonstances, et qu'on ménageait peut-être divers effets fantasmagoriques, au moyen de lumières systématiquement disposées autour et en dessous du cercueil, qui n'a pas de fond.

Avant d'aller plus loin, n'oublions pas de rappeler les cloches qui, au siècle dernier, animaient encore de leurs joyeux carillons le clocher qui couronne la croisée, sans masquer en rien l'ensemble du chœur, grâce à l'heureuse disposition de quatre piliers tapissés de colonnettes ornées de gracieux chapitaux du xiii° siècle. Malheureusement, le marteau des iconoclastes a frappé là !

A l'époque où Henri IV, occupé à conquérir son royaume, bataillait à Arques, il vint plusieurs fois au manoir de Tourpes, situé sur la paroisse de Bures, visiter Gabrielle d'Estrées. On rapporte qu'un soir, ne sachant trop par où pénétrer dans l'enceinte du château, entouré de larges fossés remplis d'au, le Béarnais fit demander de quel côté on pouvait aborder. — *Par l'église!* lui fut-il répondu ; — réponse à double sens faite au visiteur, qui n'était pas encore converti au catholicisme.

La tradition ajoute que, dans cette visite ou dans une autre, pressé par Gabrielle de se faire catholique, il lui demanda si elle assistait souvent à la messe de sa paroisse, elle qui paraissait se montrer si fervente. — *Rarement,* répondit-elle; *la cloche est si petite que je ne l'entends pas sonner.* — *Ventre-Saint-Gris!* repartit le roi, *s'il y a de belles cloches dans la première ville dont je me rendrai maître, elles seront pour Bures.* Peu de temps après cet entretien, Henri prenait Hesdin, et envoyait à Bures quatre magnifiques cloches, qui y sont restées jusqu'en 1793, ainsi que la petite cloche, nommée *Bertine,* de laquelle Gabrielle d'Estrées se plaignait à Henri IV. La République de 1793 en a pris trois. La plus grosse et la plus petite sont restées à l'église; malheureusement, elles ont été refondues, et leurs anciennes inscriptions n'ont pas été conservées.

La grosse cloche, *qui faisoit la plus belle harmonie de son avec les trois autres,* ayant été cassée en 1789, il fut arrêté, le 15 août 1791, qu'elle serait refondue, après avoir été pesée *avec les poids et romaine de la ville de*

*Rouen*, que le fondeur devait *faire parvenir sur les lieux à ses frais*. Il fut reconnu qu'elle pesait *trois mille huit cent quinze livres*. Dans une réunion des habitants, il fut décidé, à la majorité de 48 voix contre 8, que *Bertine*, du poids de *trois cent dix livres*, serait également refondue, afin de *combler le déchet* que subirait la grosse cloche dans l'opération de la refonte, et que ce qui resterait de métal serait employé à faire une nouvelle petite cloche. Ces renseignements, qui paraissent sans importance, sont nécessaires pour l'intelligence de ce qui va suivre.

Les deux cloches furent donc brisées, et les morceaux jetés dans le fourneau établi auprès du porche de l'église de Bures. Après l'opération, il fut reconnu que la nouvelle cloche pesait *trois mille sept cent dix livres*, et qu'il restait *deux cent soixante livres de métail* non employé. Les dimensions de cette cloche, dont la forme est fort gracieuse, sont celles de l'ancienne : 1 mètre 20 centimètres de profondeur *de dedans en dedans;* 1 mètre 26 centimètres de hauteur, *non compris les anses ;* 10 centimètres d'épaisseur *dans le plus épais*, et 1 mètre 50 centimètres de diamètre à l'ouverture. La bénédiction eut lieu le 4 novembre 1791. Voici le texte de l'inscription :

FONDUE L'AN 1791 3ᵐᵉ ANNÉE DE LA LIBERTÉ J'AI ÉTÉ BÉNIE (*sic*) PAR MM. J.-E. LANGLOIS ET AUG. J<sup>ᵉ</sup>. BELAMY CURÉS DE 1<sup>ʳᵉ</sup> ET 2ᵉ PORTION DE CE LIEU, ET NOMMÉE MARIE - JOSEPH PAR LE SIEUR JOSEPH GUIAN FILS DE J.-GERMAIN GUIAN MAITRE DE LA POSTE AUX CHEVAUX DE

NEUFCHATEL ET DE MARIE-ANNE LEFEBVRE SON ÉPOUSE ET
DEM<sup>elle</sup> MARIE - MAGDELEINE - FRANÇOISE GARIN FILLE DE
GUILLAUME GARIN MAIRE DE BURES ET DE FEU CATHERINE-
FRANÇOISE GRESSENT SON ÉPOUSE. GUILLAUME ANDRIEU
TRÉSORIER ET GREFFIER DE LA MUNICIPALITÉ. NICOLAS-
LOUIS DELAUNAY, ET J.-MATTHIEU JOURNOIS OFFICIERS
MUNICIPAUX. J.-GABRIEL SIMON PROCUREUR DE LA COMMUNE.

Au-dessous de l'inscription sont placés quatre médaillons représentant le monogramme sacré JHS (*Jesus
Hominum Salvator*), la Sainte-Vierge, un évêque et un
crucifix sur le pied duquel on lit le nom et le domicile
des fondeurs : P. N. et J. R. CAVILLIER. AUMALE.

Nous avons dit que, à la fonte de cette cloche, il était
resté 260 livres de métal non employé. Ce reliquat fut
emporté à Aumale par les fondeurs, qui en firent une
petite cloche pesant *deux cent trente-sept livres*, laquelle
fut bénite *le 5 janvier* 1792. Il existe peu de cloches
bénites à cette époque. Cependant, le petite commune
de Longmesnil (canton de Forges-les-Eaux) en possède
une dont la bénédiction a eu lieu en 1793, L'AN DEUXIÈME
DE LA RÉPUBLIQUE FRANÇOISE UNE INDIVISIBLE.

Voici la singulière inscription de notre petite cloche,
haute de 50 centimètres, et large de 63 :

JE SUIS FILLE D'UNE MÈRE QUI COMMENÇA D'EXISTER
EN 1507 SUR L'INSCRIPTION DE LAQUELLE ON A (*lisez* N'A)
PU DÉCOUVRIR QUE L'ANNÉE CI-DESSUS ET LES MOTS
ANDRIEU ET BOURGOISE. JE FUS BÉNIE (*sic*) L'AN 1791,
PAR M.M. LANGLOIS ET BELAMY CURÉS DE BURES ET

NOMMÉE VICTOIRE PAR ANT°.-J. CARTIER FILS D'ANT°. ET
DE M.M. G°. TERRIER ET PAR M. VICTOIRE DELAUNAY FILLE
DE THOMAS ET DE M. LEROUX EN PRÉSENCE DE LA MUNI-
CIPALITÉ INSCRIPTE SUR LA GROSSE CLOCHE.

Au-dessous de l'inscription se trouve une espèce d'écu
sur lequel on lit : P. N. et J. B. CAVILLIER FONDEURS à
AUMALE.

La date de la bénédiction de cette petite cloche, que
nous avons recueillie dans les archives de la fabrique,
ne concorde pas avec celle qui est indiquée dans l'inscription, et donne à entendre que cette bénédiction a
été retardée, ou bien que le fondeur n'a pas livré la
cloche à l'époque présumée au moment de la fonte.

En se rappelant les circonstances que nous avons
relatées relativement à la fonte des deux cloches dont
·nous nous occupons, nos lecteurs auront compris le
sens un peu énigmatique de l'inscription de la plus
petite : *Je suis fille d'une mère,* etc., c'est-à-dire que de
l'excédant de métal de la grosse cloche *est née* la petite.

Le prix de la refonte de ces deux cloches a été de
*sept cent cinquante livres* payables en plusieurs termes.
Le dernier terme a été soldé par le *citoyen Jean Lesueur*
le 25 pluviôse an II (13 février 1793); de sorte que, s'il
eût plu à la République de prendre nos deux cloches,
au lieu des trois autres qu'elle a enlevées au clocher
de Bures, les habitants se seraient trouvés obligés de
payer la fonte de cloches qu'ils ne possédaient plus.

Autrefois, l'entrée du chœur et les deux chapelles
étaient fermées par des balustrades qui furent con-

struites vers 1656. Le travail ne fut pas uniforme, car l'archidiacre Ango décide, le 15 mai 1736, que *la balustre de la chapelle latérale du costé gauche sera baissée à la hauteur de celle de l'autre chapelle du costé droit pour la commodité des bancs qui sont derrière.*

Le 23 juillet 1843, un marché fut conclu avec M. Spiridion Cartier, de Bures, pour la main-d'œuvre et fourniture des huit premières stalles du chœur, moyennant 360 francs, et de l'autel, au prix de 315 francs. Le travail, consciencieusement exécuté, était terminé pour Pâques 1844. Les autres parties de menuiserie ont été faites à la même époque, et ont coûté 244 fr. 50 c. On a dépensé 125 francs pour la dorure de l'autel et du tabernacle.

Au moment de placer la nouvelle menuiserie dont nous venons de parler, on fit tomber des lambris vermoulus qui montaient jusqu'au bas des fenêtres. Quel ne fut pas notre étonnement, en découvrant dans la muraille, à droite et à gauche, jusqu'au chevet, une suite d'enfonconcements d'inégale largeur (1), les uns à plein cintre, les autres en ogive, qui avaient dû primitivement servir de siéges! Nous aurions bien voulu conserver ce souvenir de la construction primitive de l'église; mais la menuiserie était faite, et les exigences de l'économie l'emportèrent sur l'amour de l'art. Il y avait aussi, à droite de l'autel, la trace d'une piscine.

Par suite de l'état d'abandon dans lequel l'église de

---

(1) Des enfoncements du même genre se voient encore dans le chœur de l'église de Villedieu, canton de Forges-les-Eaux.

Bures a été laissée pendant trop longtemps, la voûte du chœur est loin d'être solide, et elle n'existerait probablement plus, si elle n'avait été un peu consolidée, il y a une soixantaine d'années, à l'aide de deux arbres ancrés dans le mur; malheureusement ce travail a été fait sans goût.

Le pavage du chœur avait été renouvelé en 1856; mais la fourniture fut défectueuse, l'architecte eut le tort de l'accepter, et, quand le conseil de fabrique voulut refuser le payement, le fournisseur se retrancha derrière l'expiration des délais légaux. Alors on utilisa ce qu'il y avait de solide dans les pavés, pour former encadrement d'un carrelage en terre cuite, vendu par M. Boulenger, d'Auneuil (Oise), sur dessins fournis, au modique prix de 8 fr. 50 c. le mètre superficiel.

A l'entrée du chœur, on remarque sur la muraille deux croix qui rappellent la consécration de l'église, et deux portes : à droite, celle de la sacristie; à gauche, celle du clocher. En montant quelques degrés de l'escalier en pierre, on trouve deux à trois marches qui conduisaient à une ancienne ouverture qui donnait sur le chœur. D'un autre côté, comme on voit, à l'extérieur, du côté droit, la trace d'une autre ouverture faisant face à celle-ci, nous concluons qu'il y avait primitivement là une tourelle dans laquelle on entrait par la porte de la sacristie (qui n'existait pas alors (1), pour arriver à la baie que nous venons de signaler. La construction de

(1) Les sacristies proprement dites ne remontent pas au-delà du XVII° siècle.

ces deux entrées, qui donnaient accès dans le chœur, à une hauteur de 3 à 4 mètres, remonte à l'origine de l'édifice; il est aisé de s'en convaincre à la vue des colonnettes inclinées qui, de chaque côté, avoisinent les deux ouvertures, dont la destination nous semble assez claire. En effet, Guillaume Durand, qui écrivait au xiii° siècle, parle de deux voies différentes par lesquelles le sous-diacre et le diacre montaient à l'ambon ou jubé pour chanter l'épître et l'évangile. Saint Charles-Borromée parle également de ces deux escaliers, et il donne à entendre que, de son temps (xvi° siècle), l'escalier de l'orient servait à monter, et celui de l'occident pour descendre.

Quoi qu'il en soit, il nous paraît hors de doute que les deux ouvertures dont nous venons de parler donnaient entrée dans un jubé qui n'existe plus ; peut-être même y avait-il deux ambons, un de chaque côté, afin de ne point masquer l'entrée du chœur. Ce travail aura été détruit, au xvii° siècle, par les *ambonoclastes*, contre lesquels le docte Thiers s'est élevé avec une juste et sévère indignation. C'est alors que la tourelle du côté droit aura été supprimée et remplacée par la petite sacristie démolie en 1857.

De chaque côté du chœur, se trouve un pilier à demi-saillant, masqué par cinq colonnettes détachées aux trois quarts. De ces piliers partent des cordons qui vont traverser la voûte en ligne droite, tandis que d'autres forment des arceaux en se croisant. Auprès du pilier gauche se trouve l'inscription suivante, tracée en caractères du temps :

† *Anno : ab : incarnatione : dni : m : c : lx : viii :*
*dedicata : est : hæc : eccl'ia : a : Rotrodo : Rotom :*
*archiepo : xi : kl : julii : in : honore : beati : Stephani :*
*pthom : et : sct : Aniani : epi' : et : confessor' :*

. « L'an 1168 depuis l'incarnation du Seigneur, cette
» église a été consacrée, le onzième jour des calendes
» de juillet (21 juin), par Rotrou, archevêque de Rouen,
» sous l'invocation de saint Étienne, premier martyr, et
» de saint Agnan, évêque et confesseur. »

Quelle que soit l'opinion de plusieurs visiteurs, nous
croyons que cette inscription est bien de l'époque de la
construction de l'église actuelle, époque où Henri II,
cherchant à s'attacher le clergé, applaudissait à la fondation de cette église et de celle de Valmont, village
récemment fondé. A nos yeux, toutes les traces d'enfoncements qui se trouvent dans la base de l'édifice, les
uns à plein cintre et les autres en pointe, indiquent
clairement l'époque de transition du style roman au
style ogival. Cependant, nous devons avouer que, si les
chapiteaux des colonnes et toute la partie inférieure de
la muraille nous paraissent indubitablement de l'époque
indiquée sur la pierre de consécration, les fenêtres
annoncent un travail de la deuxième moitié du
xiii° siècle, époque de la construction du portail.

D'après l'inscription que nous venons de citer, il est
évident que le principal patron de l'église de Bures est
saint Etienne. Mais, dans beaucoup de paroisses, à la
suite de l'institution des *Confréries de charité*, le patron
choisi par celles-ci a fini par devenir le premier patron.

C'est ainsi que saint Agnan remplaça saint Etienne (1),
à Bures, jusqu'au moment où de graves désordres ayant
eu lieu, pendant plusieurs années, durant la nuit de
l'*assemblée* fixée au jour de la fête patronale, M. le curé
reprit l'ancien usage de fêter saint Etienne, comme
principal patron (2). D'ailleurs, la *Confrérie de charité*,
à cause de laquelle on avait interverti le rang des saints
patrons, allait tomber pour ne plus se relever. Puis, on
arrivait à l'introduction de la liturgie romaine, qui
prescrit de ne fêter solennellement que le premier
patron, et défend de transférer au dimanche la solennité
du patron secondaire. Toutefois, au lieu de célébrer la
fête du patron le lendemain de Noël, on la remit au
3 août, jour de l'invention de son corps, conformément
à une décision du cardinal Cambacérès (3).

(1) En 1761, on commença à *célébrer solennellement comme feste
patronnalle la translation de saint Aignan le 14 juin au lieu du
17 novembre sa feste natalle.* Aujourd'hui, l'autorité diocésaine ne permet
plus de fêter en été les fêtes qui se trouvent en hiver. C'est ainsi que les
fêtes patronales de saint Martin ont lieu au mois de novembre, et non au
mois de juillet.

(2) Il est vrai que saint Agnan est indiqué comme premier patron, dans
la *Description de la Haute-Normandie* éditée en 1740 ; mais nous avons eu
sous les yeux un exemplaire de cet ouvrage, annoté par l'abbé Pasquier
de Wardanche, curé de Sainte-Agathe en 1742, qui rectifie ainsi le texte
de Duplessis : *Saint Agnan, deuxième patron, saint Etienne, premier.*

(3) On lit en tête de l'*Ordo* pour l'année 1809 : « En nous conformant
à l'indult du SOUVERAIN PONTIFE, relatif aux fêtes supprimées ou trans-
férées, NOUS ordonnons définitivement, et sans vouloir entendre à aucune
réclamation : 1° ....... 2° que dans toutes les églises de notre diocèse qui
sont sous l'invocation de Saint-Etienne, premier martyr, il n'y aura qu'une
fête patronale de ce saint, laquelle se fera le dimanche le plus proche du
troisième jour d'août. » Depuis l'introduction de la liturgie romaine, les
fêtes patronales se célèbrent le dimanche suivant.

De toutes les statues de l'église de Bures, la seule qui ait été épargnée par les iconoclastes du siècle dernier, c'est celle du premier patron, qui se trouve au bout de l'autel ; les autres viennent de l'église de Burette, excepté celle de saint Agnan, deuxième patron, qui a été donnée par M. Déniéport, dont nous allons bientôt citer un don plus considérable. Sur le stylobate qui supporte la statue de saint Etienne, on voit le saint diacre, à genoux, les mains jointes et les yeux levés au ciel : de chaque côté sont les bourreaux, armés de pierres ; puis, au-dessus de la tête du martyr, s'avance la main de Dieu qui le bénit à la manière latine, le pouce et les deux doigts suivants ornés du nimbe crucifère.

Le chœur est éclairé par cinq fenêtres, dont trois sont garnies de verrières sorties des ateliers de M. Lusson, peintre-verrier à Paris, qui a fourni également celles des chapelles de saint Paterne et de la Sainte-Vierge. La verrière du chevet a été placée en 1858, et a coûté 1,200 francs, qui ont été payés par M. Pierre Déniéport, chevalier de la Légion-d'Honneur : 500 francs à pur don, et 700 francs à condition que la fabrique lui ferait une rente viagère de 70 fr. durant sa vie et celle de sa femme. Ce généreux paroissien a été inhumé le 11 mai 1865, et sa femme six ans plus tard.

Les deux verrières du sanctuaire, placées en 1867, ont coûté 1,570 francs, ferrements et port compris ; les personnages sont d'une meilleure exécution que ceux de la fenêtre de l'abside.

Le sujet de ces verrières est simple. Au haut de celle du chevet, sont représentées les deux premières personnes de la Trinité divine. Un peu au-dessous et de côté, la Sainte-Vierge et saint Jean-Baptiste. Au-dessous de Dieu le Père et le Fils, le Saint-Esprit, en forme de colombe, qui se trouve au-dessus de la tête des apôtres saint Pierre et saint Paul, qui occupent les deux comparti- ments du milieu de la fenêtre. Dans les deux autres, on a représenté les deux patrons de l'église : saint Etienne et saint Agnan. Au bas de la fenêtre, on lit en caractères du XIII° siècle : CETTE VERRIÈRE A ÉTÉ DONNÉE PAR PIERRE DÉNIÉPORT CHEVALIER DE LA LÉGION-D'HONNEUR. La fenêtre du côté de l'évangile offre saint André et saint Jean ; dans la rose placée à la pointe de l'ogive, on voit le cœur de Jésus, sur lequel reposa l'apôtre bien-aimé. La fenêtre du côté de l'épître présente saint Barthélemi, saint Thomas, saint Mathieu et saint Mathias (1).

Après avoir donné la description de l'église, nous mentionnerons divers faits qui trouveraient difficilement leur place ailleurs :

1259. — Le septième des ides de juillet, l'archevêque Eude Rigaud donna la confirmation dans l'église paroissiale de Bures.

1610. — Nous trouvons dans le compte du trésorier cette double dépense : *Pour vin à communier le jour de Noël..... xi sous. Pour le vin de Pasques..... x sous.* La

---

(1) Il reste à exécuter deux autres verrières, pour compléter la suite des apôtres : du côté gauche, on pourra mettre saint Philippe et saint Jacques-le-Majeur, avec quelque chose se rapportant à la vie de l'un des deux dans la petite rose ; au côté droit, sera la place de saint Simon, saint Jude et saint Jacques-le-Mineur, avec Judas reportant le prix de son crime, dans la rosace d'en-haut.

6

communion sous les deux espèces n'avait plus lieu ; mais on distribuait un peu de vin aux communiants, après la réception de la sainte hostie, comme cela se pratique encore quelquefois à la première communion des enfants et aux ordinations ecclésiastiques.

1653. — En exécution d'une ordonnance de l'archidiacre, *achapt d'vn tabernacle* pour être placé sur l'autel. Cette dépense semble indiquer l'époque à laquelle on commença généralement, dans nos campagnes, à placer un tabernacle sur le principal autel.

1654. — Une recette de xxxix *sous* figure au compte du trésorier *pour gerbes adjugées à Anthoine Jourdain.* A cette époque et beaucoup plus tard, on faisait à l'église des offrandes *en nature,* qui étaient ensuite mises en vente et adjugées au plus offrant.

1656. — Le trésorier paye au cirier de Bellencombre : *Pour le luminaire de la Dédicasse.....* vi *livres* iii *sous. Pour de la chandelle aux festes de Noel.....* iii *sous. Pour le luminaire de Noel.....* vi *liv.* xiii *s. Pour le luminaire de Pasques.....* vi *l.* iiii *s.* vi *deniers.* La dépense d'un *luminaire* pour le jour de la Dédicace nous rappelle que l'église a été consacrée, et l'usage de faire brûler un cierge auprès de chacune des douze croix peintes sur les murailles en souvenir de la consécration.

1700. — L'abbé Busquet, archidiacre d'Eu, *prie les sieurs curés de faire le catéchisme les dimanches et festes entre vespres et complies.*

1789. — A l'occasion de la nomination du trésorier qui eut lieu en cette année, nous trouvons indiquée la manière de procéder. Le trésorier sortant présentait trois.

candidats, parmi lesquels les curés, anciens trésoriers et principaux habitants lui choisissaient un successeur, à la *pluralité* des voix.

1793. — Une délibération avait été préparée pour la nomination d'un trésorier. On lit au bas : « NOTA. Cette délibération n'a point eu lieu par la raison que la municipalité de Bures et de Burette est chargée de la manutention des biens et revenus du trésor de Bures et Burette, aux termes de la loi de la convention nationale. »

1794. — Le 1<sup>er</sup> janvier (12 *nivose an II de la République une et indivisible*), Marie-Madeleine Lefay est nommée *trésorière de la Sainte-Vierge par les maire et officiers municipaux assemblés au banc du trésor de l'église*. Cette nomination donne à entendre qu'il y eut, pendant quelque temps, un curé constitutionnel dont nous n'avons pu découvrir le nom.

A partir de cette nomination, les archives de la fabrique sont muettes sur ce qui se passa dans l'église jusqu'à la fin du siècle. Mais nous savons qu'elle fut profanée par certain nombre d'habitants, qui brisèrent les statues des saints et remplacèrent les solennités religieuses par les chants républicains. Une chose étonnante, c'est qu'ils n'aient pas mutilé le *Sépulcre*, eux qui grimpaient aux échelles pour attacher des cordes au cou des autres statues, afin de les arracher plus aisément de la place qu'elles occupaient et de les précipiter sur les dalles du lieu saint.

1802. — Le 26 septembre (4 *vendemiaire an XI*), les habitants de la commune, assemblés, au son de la

cloche, au banc et buffet du trésor, d'après les annonces
faites aux prônes des messes paroissiales le 19 septembre
(2ᵐᵉ *jour complémentaire de l'an X*), en la présence de
M. Laboullais, ministre du culte catholique, desservant
la succursale de la commune, nomment J.-P.-N. Guian
trésorier et le chargent « *de faire décorer décemment
l'église, de fournir des cuiriaux pour les marteaux des
cloches, des balais pour le nétoiement de l'église*, etc. »
L'expression « aux prônes des messes paroissiales »
indique que l'abbé Laboullais célébrait une première
messe dans l'église de Burette.

1803. — Le 21 juin (2 *messidor*), les fabriciens déli-
bèrent sans résultat pour *aviser aux moyens de réparer
le corps extérieur de l'église qui est dans un état dé-
sastreux.*

1803. — Le 31 juillet (12 *thermidor an XI*), on vide
les troncs, en présence de J.-P.-N. Guian, trésorier de
l'église, de Perpétue Leprêtre, trésorière de la Sainte-
Vierge, et de Madeleine Leloue, *trésorière de Saint-
Paterne.* Comme on le voit, les jeunes gens étant partis
pour le service militaire, on fut obligé alors de nommer
une jeune fille aux fonctions de trésorier.

1805. — Le 28 avril (8 *floréal*), les marguilliers,
*considérant que l'église a un extrême besoin d'ornements,*
autorisent Jean Bienaimé à dépenser 335 francs pour
achat de chapes et chasubles.

1806. — Le trésorier est chargé d'acheter un calice
*dont la coupe sera en argent;* il fait à ce sujet une
dépense de 93 francs. Au siècle dernier, on se servait

encore communément de calices en étain ou même en verre, malgré les prescriptions liturgiques.

**1816.** — Le 6 octobre, les administrateurs de la fabrique, *considérant que l'église est dans un grand délabrement,* décident qu'une somme de 370 francs, restée sans emploi sur les 1600 francs, prix de vente de l'église de Burelle , sera employée à l'achat d'un ostensoir, d'un encensoir, de trois chasubles et de trois aubes.

**1834.** — Le conseil de fabrique délibère relativement aux réparations à faire au berceau de la nef, *pour empêcher qu'il ne tombe,* à la couverture du clocher, à la muraille, aux piliers, etc. Mais il est sans ressources *pour une si grande quantité de réparations.* On décide qu'on fera les travaux les plus urgents, *après que les comptes de divers trésoriers auront été rendus;* ce qui, *par aperçu,* pourra former une somme de 150 francs.

**1836.** — L'église est pour ainsi dire en ruines et possède pour toutes ressources : 64 fr. 92 c.

**1836.** — Le conseil de fabrique n'étant pas légalement institué, à l'arrivée d'un nouveau curé, on dut procéder à sa réorganisation, et les nouveaux fabriciens nommés par les administrations religieuse et civile furent convoqués au presbytère, le 7 juin. Deux membres se retirèrent, en protestant contre la réorganisation, et adressèrent au préfet une réclamation à laquelle il ne fut pas donné suite. Reconnaissant qu'ils avaient eu tort , les réclamants consentirent à faire partie du conseil quelques années plus tard.

**1836.** — Outre la statue de la Vierge et le lustre dont

nous avons déjà parlé, M. l'abbé Lesueur envoie des
livres pour le lutrin, un missel, un rituel, et plusieurs
chasubles qui, sans être neuves, peuvent encore rendre
des services. Le conseil de fabrique décide, le 2 octobre,
qu'une messe des morts sera chantée annuellement pour
le donateur, pendant 50 ans, à partir de son décès, en
reconnaissance de ses dons.

1837. — Le 2 avril, le conseil de fabrique prend une
délibération, afin de mettre la commune en demeure
de lui venir en aide pour les réparations de l'église;
mais la demande reste sans effet. Il en est de même des
nouvelles demandes faites les 16 août 1840 et 7 mars
1841.

1841. — Le 3 octobre, le conseil de fabrique décide
qu'on fera les réparations les plus urgentes à la couverture du clocher, en attendant l'aide de la commune.

1842. — Le 20 mars, nouvelle demande de secours.

1843. — Les 22 janvier, 9 avril et 12 juin, nouvelles
délibérations sur le même sujet.

1844. — Les 30 mars et 14 avril, nouvelles demandes
inutiles.

1845. — Le 5 janvier, on fait encore une demande
sans plus de succès.

1846. — Le 4 janvier, la commune ayant refait la
couverture du chœur, la fabrique demande inutilement
à employer aux autres couvertures une somme de
877 francs qu'elle avait touchée pour divers rembour-
sements de rentes.

Aujourd'hui, toutes les rentes sur particuliers, au
nombre d'une trentaine, dont plusieurs n'étaient que de

quelques centimes, ont été remboursées. Les fonds, placés sur l'Etat, produisent 112 francs.

1846. — Voyant sa demande du 4 janvier repoussée, le conseil de fabrique réclame un nouveau secours dans sa délibération du 8 novembre.

1852. — Le calvaire placé devant l'école tombait de vétusté, le Christ était sans bras, sa figure n'avait plus forme humaine, sa croix le soutenait à peine.... En faisant station au reposoir placé là, le dimanche de la Fête-Dieu, M. le curé adressa quelques mots aux assistants pour leur annoncer qu'il ferait aux vêpres une quête dont le produit serait employé à élever un nouveau calvaire. Cette quête se monta à 88 fr. 10 c. Le 24 octobre, le nouveau calvaire fut béni, et il y eut sermon par M. l'abbé Dieudegard, curé de Pommeréval. Une nouvelle quête eut lieu, et produisit : 92 fr. 40 c.

1853. — Le 30 octobre, on demande encore l'aide de la commune pour l'exécution d'un devis montant à 8,962 francs. Cette fois, il y a accord parfait, et les travaux ne seront plus différés au-delà du printemps.

1855. — Au mois d'avril 1850, le conseil de fabrique avait voulu changer le mode de location des bancs. M. *** avait même écrit sa démission sur le registre, en voyant qu'on ne voulait pas suivre la marche qu'il proposait. Alors on adopta sa proposition. Toutefois, en signant la délibération, M. le curé demanda qu'il fût constaté, sur le registre, qu'il était à craindre qu'une grande baisse ne fût le résultat de la mesure adoptée. En effet, la première location se fit encore assez bien ; mais, à la deuxième, après avoir loué quelques bancs, l'on interrompit l'adjudication, à la vue de l'énorme diminution qui se produisait dans le prix de location. Alors on pria M. le curé d'établir lui-même la marche qu'il croyait la meilleure pour réparer cet échec. Après en avoir obtenu l'autorisation, il réunit extraordinairement le conseil de fabrique le 11 mai 1855, et proposa de louer les bancs *à vie*, c'est-à-dire jusqu'à la mort de l'adjudicataire ou son départ de la paroisse, avec quelques autres conditions qu'il est inutile de relater ici. Cette proposition fut adoptée ; les adjudicataires des bancs qui avaient été loués à bas prix consentirent à ce qu'on les mît de nouveau en adjudication, et le total fut de 475 fr. 25 c. Depuis cette époque, toutes les fois qu'on loue un banc par suite de départ ou de décès, il y a augmentation. Le chiffre total dépasse aujourd'hui 500 francs.

1855. — Le 16 juillet, Monseigneur Blanquart de Bailleul, accompagné de M. l'abbé Caumont, vicaire-général, administre le sacrement de confirmation dans l'église de Bures, où s'étaient réunis les *confirmands* de Sainte-Agathe et d'Osmoy.

1855. — On agrandit le cimetière du côté de la rue, et la commune dépense 347 fr. pour les murs.

1859. — Le dimanche de *Quasimodo*, M. le curé tombe malade, d'une fièvre typhoïde. Malgré son énergie et sa force de volonté, il ne peut écrire quelques mots de délibération du conseil de fabrique, et reste couché pendant cinq à six semaines. Parmi les nombreuses visites qu'il reçut sur sa couche de douleurs, nous devons citer celle de M. l'abbé Caumont, vicaire-

général, qui vint de Neufchâtel lui donner une marque
d'intérêt et de sympathie.

Le 12 juin, jour de la Pentecôte, il sortit du presbytère
pour la première fois depuis sa maladie, et put *assister*
à la messe, après laquelle on chanta un *Te Deum* à
l'occasion d'une victoire remportée par l'armée française en Italie. Au bout de quelques jours, un membre
du conseil de fabrique fit une dénonciation contre
M. le curé, parce qu'il n'avait point porté chape à ce
*Te Deum*. Le pauvre curé avait peine à porter sa soutane,
et ne pouvait marcher sans être appuyé sur une canne !
En ce temps-là, on marchait encore en portant chape, en
allant et venant depuis le bas du chœur jusqu'aux degrés
du sanctuaire. Cet usage, qui a été aboli au moment de
l'introduction de la liturgie romaine, existait déjà au
xi° siècle.

1859. — Le 3 juillet, le conseil de fabrique décide
qu'il ne sera plus laissé de fonds aux mains des trésoriers
et trésorières ; mais que l'argent sans emploi sera placé
à la caisse d'épargne, au nom de l'un des marguilliers,
afin d'en tirer un petit intérêt. Au moment du départ de
l'abbé Decorde (1er octobre 1870), il y avait à peu près
700 francs en dépôt, destinés en partie à l'acquisition
d'une verrière pour la chapelle de la Sainte-Vierge, et à
aider la fabrique dans la dépense d'une voûte à la
chapelle de Saint-Paterne.

1861. — Le dimanche 12 mai de cette année fut un
jour de grande fête pour le petit bourg de Bures, depuis
le matin jusqu'au soir. Il y eut messe en musique par
une société d'amateurs de Dieppe, venus au nombre de

20 à 25 conquérir les éloges de tous ceux qui eurent le bonheur de les entendre. Après vêpres, un concert eut lieu dans la cour du presbytère, trop petite pour contenir dans ses murs l'affluence des curieux. A la messe, on fit une quête abondante pour les besoins de l'église, et une autre quête fut faite, pendant le concert, en faveur des pauvres de la commune.

Au moment du départ, M. le curé adressa aux musiciens quelques mots de félicitations et de gratitude, et, la semaine suivante, il reçut une lettre collective, signée de tous, dans laquelle la société le remerciait « bien cordialement de l'affectueux accueil » qui lui avait été fait. Comme souvenir de la sympathie avec laquelle ils avaient été reçus, les musiciens dieppois ajoutaient : « Une réception si fraternelle ‹ e la part du pasteur et du troupeau est un bien grand encouragement pour nous. » Conclusion : tout le monde fut content !

1862. — A la suite de grandes instances, M. le curé avait consenti à se charger de la surveillance des travaux exécutés à l'église, des démarches à entreprendre pour obtenir des secours, de divers fonds à recouvrer et de nombreux payements à faire. Il rendit compte de sa gestion le 27 avril. Les recettes se montaient à 7,834 fr. 56 c., et les dépenses à 7,759 fr. 20 c.

1864. — Les bergers de la contrée se réunirent, au nombre de trente à quarante, pour offrir un pain bénit à la messe de minuit, ainsi qu'un petit agneau placé sur une élégante civière. Ils étaient vêtus d'un long manteau et portaient une houlette ornée de verdure, de fausses-fleurs et de rubans de soie. Tout se passa dans le plus grand ordre, quoiqu'on n'eût jamais vu l'église aussi remplie d'assistants venus de tous côtés. Les quêtes furent abondantes, et, après les vêpres, les bergers vinrent sur deux rangs, au presbytère, offrir l'agneau à M. le curé (1). Il y eut dans cette fête religieuse quelque chose d'analogue à ce qui se passait dans la représentation des *Mystères* du moyen-âge. Les bergers avaient placé un enfant Jésus dans la chapelle de la Vierge, et ils avaient invité à se tenir auprès de la crèche deux enfants de 12 à 13 ans, qui figuraient Joseph et Marie, et trois des principaux cultivateurs du pays, qui rappelaient les Mages par la variété des ornements de leur manteau.

1865. — On lit au registre des délibérations du conseil de fabrique, à la date du 16 juillet : « M. le curé, par suite du refus de MM. les conseillers de croire à l'exactitude d'un nom de locataire de banc porté au registre, déclare donner sa démission de secrétaire du conseil et du bureau, et propose de lui donner un remplaçant. Les membres présents refusent non--seulement de nommer un successeur à M. le curé, mais déclarent donner leur démission de membres du conseil de fabrique. » Voici ce qui avait provoqué la démission de M. le curé : Les conseillers de fabrique qui avaient qualifié M. le curé de *faussaire* criaient sur les toits que le nom du locataire de banc porté au registre n'avait jamais figuré sur la liste des trésoriers. Chaque trésorier

(1) Cet agneau fut mangé le jour de la fête patronale. Parmi les convives figuraient les bergers qui avaient organisé la cérémonie de Noël, plusieurs personnes qui y avaient figuré, et le clergé de la paroisse.

conservant sa liste, et le prix total de la location étant
porté en bloc dans les comptes, il n'était pas facile de
répondre à cette imputation malveillante. Cependant,
M. le curé fut assez heureux pour se procurer une de
ces listes, écrite à l'encre bleue, de la main d'un fabri-
cien qui n'avait pas encore présenté les comptes de sa
gestion à l'approbation du conseil. Or, le 16 juillet 1865,
le conseil assemblé pour cette reddition de comptes,
M. le curé présenta cette liste aux fabriciens, en disant :
« Messieurs, vous avez affirmé que j'avais porté au
registre de vos délibérations un nom de locataire de
banc qui n'avait jamais figuré sur vos listes. Voici ce
nom, écrit par vous, Monsieur *** ; reconnaissez-vous
votre encre et votre écriture?» La liste passa de main en
main, au milieu d'un morne silence, tandis que M. le
curé écrivait sa démission, dont nous venons de parler.

1865. — La fête des bergers eut encore lieu à Noël ;
mais, malgré le bon ordre qui avait régné l'année précé-
dente, il s'était trouvé quelqu'un qui avait cru devoir
blâmer cette cérémonie auprès de l'autorité ecclésiastique, et l'offrande de l'agneau fut défendue. Toutefois,
en se conformant à la défense, les bergers voulurent que
le pauvre petit animal fût de la fête : ils ne l'entrèrent
pas dans l'église, mais ils le placèrent sous le porche,
d'où ils l'emportèrent au presbytère comme en 1864.

1866. — Le 10 mai, on procéda à l'installation des
cinq nouveaux membres du conseil de fabrique nommés
par Mgr l'archevêque et par M. le préfet.

1870. — Le 29 septembre, l'abbé Decorde quitte la
paroisse et laisse à l'église, comme souvenir : un drap
mortuaire en velours, une chasuble blanche en soie
moirée, etc.

# CURÉS DE BURES.

—

Il y eut, à diverses époques, de grandes contestations relativement aux curés de Bures, tant sous l'administration des religieux de N.-D. du Pré que sous celle des religieux de la Sainte-Trinité de Fécamp, qui jouirent successivement du droit de présentation à la cure. Nous ne saurions dire comment ni à quel moment ce droit passa des uns aux autres. Un jugement du commencement du XIII⁰ siècle nous apprend que les menües dîmes de la paroisse de Bures *ont été adiugées au prieur de nre Dame du Pré au préiudice du curé et pbres de Bures.* D'un autre côté, il est dit, dans un traité qui eut lieu en 1327, que les religieux de Fécamp percevront la dixme sur les terres de Bures où elle leur est due *devant quoy percevoir le droit de champart.* Puis, en 1398, nous trouvons appel contre une ordonnance de l'archevêque de Rouen, *portant envoy de religieux pour desservir a Bures comme bénéficiers.* Au milieu de tout cela, nous cherchons la lumière et nous ne la trouvons pas. Nous savons seulement que, dans les derniers

temps qui ont précédé la révolution de 1793, l'abbaye
de Fécamp présentait aux deux portions de la cure, en
vertu du droit que lui conférait la baronnie de Jardin-
sur-Dieppe, située en la paroisse de Saint-Aubin-
sur-Scie.

Généralement parlant, il est assez difficile d'établir la
liste exacte des curés d'une paroisse. Ici, la difficulté
est d'autant plus grande que, dans tous les noms des
prêtres ayant rempli quelque fonction en la paroisse de
Bures, on rencontre un embarras spécial : celui de se
reconnaître au milieu de ce dédale de curés de première
et de deuxième portion, de vicaires, de chapelains, etc.,
qui ne signent pas toujours d'une manière lisible. Nous
allons faire de notre mieux pour atteindre notre but, à
l'aide des archives locales et de celles qui sont conservées
au dépôt de la préfecture.

### CURÉS DE PREMIÈRE PORTION.

..... — ..... Richard.

..... — ..................

1273. — ..... Raoul.

..... — ..................

1467. — Nicole Le Roux.

..... — ..................

1615. — ..... Bucquet.

..... — Nicolas Féré.

1648. — Jacques Ducroc.

1660. — Jean Le Sauvage.

1665. — Charles Lattaignant.

1671. — ..... Le Verdier.

1678. — Jean Lamaune.

1678. — Jacques Le Verdier.

1689. — ..... Renoult.

1690. — Nicolas Le Faucheux.

1693. — Nicolas Dudan.

1694. — Antoine De la Roche.

1706. — Abraham Marcotte (1).

1739. — Guillaume Marcotte (2).

1742. — Constantin-Richard Eudes (3).

1772. — Julien Benoît.

1773. — Jean-François Langlois.

La signature de l'abbé Langlois figure pour la dernière fois au registre des trésoriers le 1er janvier 1791, et au registre des baptêmes le 2 octobre 1792.

### CURÉS DE DEUXIÈME PORTION.

1610. — ..... Bellart.

..... — Jean Bollart.

1628. — Mathieu Lefebure.

1654. — Nicolas Nepveu.

1668. — Jacques Le Verdier.

1676. — Jean Lamaune.

1686. — ..... Renoult.

1688. — François Nepveu.

1689. — ..... Le Faucheux.

---

(1) Inhumé, en 1739, dans le chœur de l'église de Bures.
(2) Décédé à l'âge de 30 ans, et inhumé dans le chœur.
(3) Inhumé dans la chapelle de la Sainte-Vierge.

1690. — Antoine De la Roche.

1697. — Adrien Guerrier.

1715. — David Stallin (1).

1742. — J.-T.-Benoît Durand (2).

1763. — Augustin-Jacques Belami.

L'abbé Belami étant resté jusqu'à la révolution de la fin du siècle dernier (puisque nous trouvons sa signature au registre paroissial jusqu'au 1er janvier 1790, et sur le registre des baptêmes jusqu'au 16 octobre 1792), nous ne pouvons nous expliquer la présence d'un abbé Tuelsfarber qui signe au bas d'une délibération des trésoriers de Burette, en 1773, comme *prêtre desservant de la deuxième portion de Bures et Burette*. D'un autre côté, nous le voyons signer sur un registre de *deux feuillets* destiné aux actes de baptême de Burette, comme *prêtre desservant de la première portion de Bures et Burette*. Ce registre ne contient qu'un seul acte, au verso duquel les curés Langlois et Belami attestent cet acte *véritable*.

A partir du mois d'octobre 1792, les deux curés de Bures se hâtent de faire faire la première communion aux jeunes enfants, et disparaissent sans qu'on sache ce qu'ils sont devenus. Avant de partir, ils allèrent chez *les braves gens* faire leurs adieux, et, dans ces maisons, *tout le monde pleurait* en les voyant s'éloigner. L'abbé Belami était un homme sévère et animé de l'esprit de

---

(1) Décédé à la suite d'une longue maladie, et inhumé dans l'église de Bures.

(2) Inhumé dans l'église.

chicane. L'abbé Langlois était d'un caractère très-doux.
Il paraît qu'il remplaçait parfois le clerc laïque pour
faire l'école, et montrait la *taplette* aux enfants, en leur
disant : *Voilà la petite Jeannette ! vous en aurez, si vous
n'êtes pas sages.* Mais jamais la *petite Jeannette* ne servait
à punir.

Six registres qui ne contiennent que des actes de
baptêmes semblent nous indiquer qu'un autre prêtre,
l'abbé Deschamps, vint se cacher dans la paroisse vers
la fin d'avril 1794. En effet, nous lisons en tête du
premier de ces registres : « *Ce registre contient tous les
baptêmes des enfants nés depuis le 27 avril 1794 jusqu'au
1er janvier 1797, sans date du jour des baptêmes, parce
que la plupart de ces enfants étoient nés avant que
j'exerçasse le ministère dans la paroisse et que je ne puis
me ressouvenir de la date du jour des baptêmes.* »

Le premier acte daté dans ces registres est celui d'un
baptême fait le 20 décembre 1796; le dernier est du
29 août 1802. A la fin de chacun de ces registres, on lit :
« *Certifié ce registre entièrement conforme à celui envoyé
à l'évêché.* » L'abbé Deschamps a dû rédiger ses registres
sur des notes, car nous le voyons clore chacun d'eux
par une date différente, mais de la même année, à partir
du 15 janvier 1802 jusqu'au 10 mars suivant.

Le 28 août 1802 (10 *fructidor an X*), l'abbé David,
curé de Londinières, parafe un registre *pour servir à
l'enregistrement des actes sacramentaux, comme baptêmes, mariages, permission de marier et sépultures de
la succursale de Bures.* Il est à remarquer qu'on suit
encore le calendrier républicain, qui ne fut aboli

7

(au commencement de sa 14ᵉ année) que le 1ᵉʳ janvier
1806, en vertu d'un sénatus-consulte du 21 fructidor
an XIII (21 août 1805). En effet, le premier acte de
notre registre est du 16 fructidor an X, et le dernier est
du 14 thermidor an XI. D'après ce qui précède, nous
porterons donc, comme successeur des abbés Langlois
et Belami :

1794. — ..... Deschamps.

Lorsque l'abbé Deschamps put se faire connaître
dans la commune, sans craindre la persécution, il loua
une petite maison et prit à son service *mademoiselle*
*Marianne*, qui *allait en journée* chez les habitants
pour aider son maître qui, d'un autre côté, recevait
quelques petits secours des personnes animées de
sentiments religieux. En partant de Bures, l'abbé
Deschamps alla se fixer à Martainville-sur-Ry, et,
pendant plusieurs années, il fit visite à plusieurs de ses
anciens paroissiens, en allant toucher une petite rente
qui lui était due à Notre-Dame-d'Aliermont. Il eut pour
successeur :

1802. — Nicolas Laboulais.

Au milieu de la discorde qui régnait dans la commune, l'un des partis finit par faire suspendre ce
vieillard de ses fonctions, au mois d'août 1835, à la
suite de toutes sortes de tracasseries qu'on lui suscita.
Il resta dans la maison presbytérale, qui lui appartenait,
et mourut au bout de quelques mois, le 6 mai 1836.
Le maire s'opposa à ce qu'il fût enterré au pied de la
croix du cimetière, comme cela a lieu ordinairement
pour les curés de paroisse.

**1836.** — Jean-Eugène Decorde. : , . : : *l.* | *»* '
Ordonné prêtre à Noël 1835, il resta trois semaines
comme chapelain au château de Bois-Guilbert, en
attendant sa nomination à la cure de Bures. Quand il
arriva dans cette paroisse, la position n'était pas
attrayante : l'église tombait en ruines ; il n'y avait ni
presbytère ni maison, d'école, quoiqu'il y eut trois
instituteurs par suite de la division qui régnait parmi
les habitants. Cependant le jeune prêtre résolut de rester
à ce poste difficile. Pour calmer ses ennuis, il s'amusa
d'abord à étudier un peu la botanique. Au bout, de
quelques années, il s'occupa d'ornithologie et forma
une collection d'oiseaux empaillés. Plus tard, il se livra
à l'étude de l'archéologie et de l'histoire locale. Alors il
publia successivement, outre un grand nombre d'articles
de journaux et de revues : 1° *Essai historique et archéo-*
*logique sur le canton de Neufchâtel* (1848) ; 2° *Essai sur*
*le canton de Blangy* (1850) ; 3° *Essai sur le canton de*
*Londinières* (1851) ; *Dictionnaire du patois du pays de*
*Bray* (1852) ; *La Croix ou le dernier jour du Christ*
(1854) ; *Essai sur le canton de Forges-les-Eaux* (1856) ;
*Dictionnaire du culte catholique* (1859) ; *Essai sur le*
*canton de Gournay* (1861). Le 15 mai 1863, il commença
la publication d'un recueil mensuel sous le titre de
*Magasin brayon,* qu'il changea, l'année suivante, contre
celui de *Magasin normand.* Tout en publiant ce recueil,
qui parut durant six ans, il se créa une distraction en
consacrant ses quarts d'heure perdus à la photographie.
Enfin, en 1872, il publia la présente histoire de la
paroisse qu'il venait de quitter.

Les travaux historiques, archéologiques et littéraires de l'abbé Decorde lui valurent l'honneur de faire partie de plusieurs sociétés savantes. Nous citerons les suivantes, qui l'admirent au nombre de leurs membres, à peu près dans l'ordre suivant : l'*Académie des Sciences, Arts et Belles-Lettres de Caen*, la *Société des Antiquaires de Normandie*, la *Société des Antiquaires de Picardie*, la *Société d'Emulation d'Abbeville*, la *Société française d'archéologie pour la conservation des Monuments historiques*, la *Société d'Agriculture, Sciences, Arts et Belles-Lettres de l'Eure*, l'*Association normande*, la *Commission départementale des Antiquités de la Seine-Inférieure*, la *Société archéologique du grand-duché de Luxembourg* (Belgique), la *Société archéologique du Sussex* (Angleterre), l'*Institut des Provinces de France* (1), la *Société de l'Union des Poètes*, l'*Académie nationale agricole et industrielle*, la *Société de linguistique de Paris*, la *Société d'Etudes diverses du Havre*, etc.

Au milieu de ses travaux, l'abbé Decorde trouva le temps de visiter une assez grande partie de la France, à l'occasion de divers congrès auxquels il assista (2). Il parcourut également la Suisse, la Belgique, un coin de

(1) Il fut nommé membre de l'*Institut des Provinces* dans une séance qui eut lieu à Bordeaux, en 1861, pendant la session du *Congrès scientifique de France*. Un mémoire sur l'*Utilité des oiseaux en agriculture*, qu'il lut dans une séance générale de ce congrès, lui fit décerner une médaille de bronze par la *Société protectrice des animaux*.

(2) A Cherbourg, il fut nommé secrétaire de la section d'archéologie (1860) ; à Troyes, vice-président de la section d'agriculture (1865) ; à Amiens, vice-président de la section d'archéologie (1867).

la Hollande, de l'Allemagne, et poussa une pointe jusqu'à l'extrémité de l'Espagne (Séville).

Ses études et ses voyages n'empêchèrent pas le curé de Bures de s'occuper activement de la restauration de son église. Il n'y a pas un centimètre de surface à l'intérieur de ce monument qui n'ait été l'objet de quelque travail d'embellissement.

L'abbé Decorde commençait à jouir de la satisfaction que procure un long ministère utilement employé dans une paroisse, quand il s'aperçut qu'il ne pouvait plus continuer le bien qu'il avait commencé. Alors il résolut de partir et demanda la cure de Notre-Dame-d'Aliermont, où il fut installé le 1er octobre 1870. Un seul homme fut la cause de sa détermination. Inutile de dire son nom : il est dans la bouche de tous les habitants de Bures, les autres n'ont pas besoin de le connaître. Que Dieu lui pardonne les chagrins qu'il a causés à celui qui, durant de longues années, lui avait donné tant de marques de sympathie et d'intérêt!

1870. — François Lecœur.

Avant de venir à Bures, M. l'abbé Lecœur avait desservi la paroisse de Sainte-Agathe-d'Aliermont durant dix ans, après avoir été vicaire de Blangy depuis 1852 jusqu'en 1860.

# LA CONFRÉRIE DE LA CHARITÉ.

—

Au seizième siècle, on vit s'organiser un grand nombre de confréries de charité dans nos paroisses rurales. Au début, ces pieuses associations établissaient entre ceux qui en faisaient partie un lien sympathique bien louable; mais, peu à peu, ce lien se relâcha, l'indifférence succéda au dévoûment, l'amour de soi remplaça l'amour des autres, et ces confréries, plusieurs fois réorganisées, finirent par s'éteindre. Il en existe encore quelques-unes ; mais ces débris ne sauraient donner une idée de ce que fut cette institution dans le principe.

Pour faire partie de la confrérie, il fallait être *de bonne vie et honneste conversation*, promettre de *garder bien et duement les statutz et ordonnances dicelle*, et payer une petite somme, par exemple six deniers au profit du trésor de la charité. Chaque année, lecture des statuts était faite le jour de la fête du patron, et le lendemain, *ou le dymence après en suyuant por toute dilation* (délai), les frères nommaient l'un d'entr'eux prévôt de ladite charité, et six des autres *pour estre frères seruants, eschevyns et sergents,* lesquels étaient obligés

de remplir leur charge pendant un an, sous peine de
vingt sous d'amende pour le prévôt, et de dix sous pour
les autres, *le tout à conuertir au proffit de lad.ᵉ charité*.
Chaque confrérie avait son chapelain et un clerc à son
service, et devait être pourvue d'ornements, d'une croix,
d'une bannière, de cierges, de clochettes, de torches,
de chaperons et d'un drap des trépassés. Tous les premiers dimanches du mois, on chantait, le matin, une
messe à laquelle devaient assister les frères servants,
*portant chacun son chapperon et chacun sa torche sur
paine d'amende*. Le jour de la fête du patron, on célébrait
une messe solennelle, et, le lendemain, on chantait une
messe de *Requiem* pour les *freres et sœurs trespassez*.
Au commencement de la messe et des vêpres, au jour de
la fête patronale, le chapelain, le clerc et les frères
servants allaient chercher le prévôt à sa maison pour le
conduire en procession à l'église, avec croix, bannière,
cierges, torches, chaperons et clochettes. Après le service
de l'église, on le reconduisait dans le même ordre. Aux
principales fêtes de l'année, les frères servants étaient
tenus d'avoir leurs chaperons et leurs torches pour
accompagner la procession, de se présenter de la
même manière auprès de l'autel au moment de l'évangile et de la consécration, et de se tenir debout avec
les mêmes attributs aux antiennes et oraisons de
*Magnificat*. Le prévôt et les frères servants devaient se
confesser et communier le jour de la fête patronale, et
toucher dix-huit deniers ou deux sous *de chacun frere et
seur participans aux bienfaicts de la confrérie*. Quand
un frère ou une sœur allait *de vie a trespas*, la famille

du défunt avertissait le prévôt, qui faisait sonner, afin d'annoncer le décès, et le chapelain, le clerc et les frères servants assistaient à l'inhumation, à laquelle ils étaient *tenuz de porter croix, banniere, clochettes, chapperons, torches, cierges, eaue beniste, sarcueil, drap des mors et le corps dudict trespassé en terre saincte.* A la suite de chaque enterrement, la confrérie faisait célébrer une messe de *Requiem* pour le repos de l'âme du défunt, et touchait de sa famille la somme de cinq sous. Quand le mort n'était pas membre de la confrérie, la rétribution était de dix sous, s'il était *chef d'hostel.* Les amendes et recettes étaient perçues par le prévôt, qui en rendait compte au plus tard le dimanche qui suivait la fête du patron, terme de son année d'exercice. En ce jour, il offrait un pain à bénir, au moment du *Kyrie eleison,* et était conduit à l'autel par les frères servants, avec croix, bannière, etc. Aux vêpres, quand on entonnait le *Magnificat,* tous les frères en exercice se rendaient également en procession au bas du sanctuaire, où ils se mettaient à genoux, et le célébrant faisait entr'eux l'échange de leurs insignes (bannière, croix, bâton de sergent, torches et chaperons), quand le chœur chantait le verset : *Deposuit potentes de sede.*

Tels étaient les principaux usages des confréries de charité instituées dans le diocèse de Rouen vers 1550. Nous n'avons pu retrouver les statuts primitifs de celle de Saint-Agnan de Bures ; mais une ordonnance de l'archidiacre, en cours de visite, le 20 juin 1621, nous montre que cette confrérie avait déjà perdu son zèle primitif, puisqu'il est enjoint au maître-frère de poursuivre ses prédécesseurs, *aux fins de reddition de leurs comptes,..... par toutes les voies deus et raisonnables*. Une autre ordonnance de l'abbé Lefebure, curé de Saint-Saire, doyen de Neufchâtel (1), remplaçant l'abbé Busquet, archidiacre d'Eu, rappelle de nouveau la confrérie à l'ordre en 1699. Il est ordonné, entre plusieurs autres choses, de célébrer les messes de saint Agnan, de saint Roch, de saint Adrien, de saint Sébastien, de sainte Barbe, de saint Nicolas, et de saint Paix (Paterne) *contenues dans la bulle de la charité*. En 1746, le nombre de ces messes était réduit à cinq. Nous trouvons, au chapitre des dépenses, *onze livres cinq sols*, payés pour honoraires de ces messes à *Mrs les curés*, et *une livre cinq sols* au sieur Payen, clerc, pour les avoir chantées.

Au chapitre des receptes, il est fait mention d'une somme de *29 livres 19 sols 3 deniers*, comme produit de la vente du *pain aumosné aux trépassés*. Cette quête avait lieu, le jour de la Toussaint, après les vêpres, et le produit était vendu le lendemain. Le compte de Marc Thuillier, rendu le 8 juillet 1791, nous fait voir que, dans la suite, on recevait diverses denrées en aumône à l'intention des morts : on y voit figurer 31 *l.* 10 *s.* 3 *d.*, provenant en partie *du pain et fromage et cidre qu'il a vendu le jour des Trépassés* (2).

---

(1) En ce temps-là, les fonctions de doyen étaient attachées à la personne, et non au chef-lieu du doyenné.

(2) L'usage était de payer une personne pour faire la quête des trépassés. On lit dans le compte du maître-frère en 1656 : *Payé a la femme d'Anthoine Crosnier pour avoir cenilly le pain des trespassez..... siv sous*.

Au moment de la réorganisation de 1746, l'*État des frères et sœurs associez à la confrérie et charité de Saint-Agnan de Bures* contient 126 noms ; mais il est à observer que plusieurs associés habitaient les communes voisines. Quand ces membres mouraient, la confrérie allait faire le transport du corps.

Cette réorganisation ne fut pas de longue durée, car nous trouvons une délibération, en 1772, dans laquelle il est encore question de *rétablir l'ordre naturel* de cette confrérie. Puis, le 22 mai 1791, le sieur Andrieu consigne, sur le registre des trésoriers de la fabrique, trois pages et demie de remontrances dans lesquelles il demande une réforme dans la confrérie de la charité. Il cite diverses ordonnances royales du seizième siècle, d'après lesquelles il prétend que l'existence de ces confréries est un abus. Il réclame, en tout cas, la destruction de deux grands bancs que les frères ont fait placer devant la chaire, et la suppression d'une table *qui ne leur sert que pour y placer leurs chapeaux*. Mais il n'est pas délibéré sur ces remontrances, et la confrérie languit encore pendant quelque temps. Au mois de juillet suivant, le maître-frère paye 2 *l.* 15 *s.* (2 francs 75 centimes) à Romain Havet, clerc laïque, *pour ce qu'il a chanté douze libéras et cinq messes.* Il remet en même temps 11 *l.* 5 *s.* 9 *deniers* à Adrien Déniéport, son successeur, *en pièces de douze sols, de deux sols, de six liards, en gros sols, en liards* (quart de sou ou sol) *et deux liards.* Le 15 juillet 1792, Pierre Dolbec rend son compte, *à l'issus des vespres, par devant messieurs les officiers municipaux*, et la confrérie de la charité disparaît dans le tourbillon révolutionnaire.

Lorsque la paix fut rendue à l'Église, quelques habitants de Bures voulurent organiser une nouvelle confrérie de charité, et, le 19 juin 1803, Adrien Lesueur fils présenta un projet de statuts qui fut approuvé. D'après ces statuts, le maître-frère devait veiller à ce que les membres assistassent aux offices, spécialement à la procession qui avait lieu après les vêpres, le premier dimanche du mois, au *Libera* chanté le deuxième dimanche, à l'issue de la messe, ainsi qu'aux processions des Rogations et de saint Paterne. Il devait également faire faire la quête, le jour de la Toussaint, dans la paroisse, et faire sonner jusqu'à sept heures du soir. Le produit de cette quête était destiné à faire célébrer un service solennel, pour les fidèles défunts, le lendemain des Trépassés. Le jour de son entrée en fonctions, il devait aussi présenter un pain à bénir, *selon l'ancien usage*. Après sa mort, on célébrait un service pour lui, et un autre pour sa femme, quand il était marié.

Primitivement, la confrérie faisait gratuitement le transport du corps des frères et sœurs associés, qui payaient annuellement une petite cotisation; mais cette offrande, ayant cessé d'avoir lieu pendant la révolution, ne fut pas renouvelée en 1803. Il fut décidé que la famille du défunt payerait cinq francs à la confrérie, à la charge par celle-ci de faire chanter une messe de *Requiem* pour le défunt. Il fut aussi remis en usage de placer une serviette sur la croix de procession du convoi funèbre; mais la famille eut la faculté de reprendre

cette serviette après l'enterrement, en payant soixante
centimes au profit du trésor,

A l'occasion de cette réorganisation, il fallut remplacer
les ornements et insignes qui avaient été détruits pendant
la révolution : on acheta donc des clochettes , une
tunique de bedeau, une croix, une bannière et des
chaperons. Il semble que désormais l'avenir de la
confrérie soit assuré; mais non! Peu à peu, le zèle
se refroidit; le pain bénit du maitre-frère est payé sur
les fonds du trésor; à l'aide des mêmes fonds, on donne
une rétribution de cinquante centimes à chaque frère
qui porte les morts; enfin, en 1833, la confrérie disparait
de nouveau.

Cependant, l'arrivée d'un nouveau curé dans la
paroisse, au commencement de l'année 1836, suggéra
encore une fois à plusieurs habitants la pensée de
tenter la résurrection de la confrérie de charité, et, le
27 mars, une dizaine de frères s'engagèrent à se soumettre au règlement du 19 juin 1803. Mais cette nouvelle
réorganisation ne devait pas être stable; l'esprit religieux
des anciens *frères de charité* avait disparu (1), et la
nouvelle société s'éteignit dans son indifférence, après
avoir vécu pendant vingt-cinq ans. Aux derniers jours
de son agonie, elle n'était plus composée que de cinq
membres qui remplissaient mal leur devoir. Le 21 juillet
1861, deux seulement s'étant présentés à l'inhumation

---

(1) Par exemple, les nouveaux frères employaient le produit de la
quête de la Toussaint à payer le repas qui se faisait, le soir, chez le
maitre-frère.

de Catherine Dolbec, et ayant déclaré qu'ils ne voulaient plus continuer leurs fonctions, M. le curé réunit le conseil de fabrique, qui décida que, conformément à l'article 21 du décret du 12 juin 1804 et à l'article 9 de celui du 18 mai 1806, on informerait M. le maire de cet état de choses, en le priant de prendre à l'avenir les moyens qu'il jugerait les plus convenables pour le transport des corps des défunts.

Aujourd'hui, il reste comme souvenir de la *Confrérie de la charité* : d'une part, le *Libera* qu'on chante le deuxième dimanche de chaque mois, ainsi que les messes de saint Adrien, de saint Paterne, de saint Agnan, de saint Roch et des Trépassés ; — d'autre part, la tunique et les clochettes du bedeau..... et le bâton du sergent.

# LE PÉLERINAGE D'ORIVAL.

Chaque année, le mardi de la Pentecôte, la cloche se fait entendre dès trois heures du matin, afin de prévenir les habitants qu'il est temps de se lever pour partir à quatre heures et demie, de manière à ce que la procession soit rendue à Orival-sous-Bellencombre à l'heure convenable pour chanter la messe à chanter (1). Avant de quitter l'église de Bures, un grand nombre de personnes mettent brûler des cierges devant la statue de saint Paterne, et l'on se met en chemin en chantant le *Veni Creator*, suivi d'hymnes diverses en l'honneur des patrons des paroisses sur le territoire desquelles passe la procession. On continue ensuite par les psaumes de la pénitence et les litanies de la Sainte-Vierge.

Rien de plus touchant ni de plus pittoresque que ce pélerinage ! En tête de la procession marche un brave paysan, revêtu d'une tunique, qui agite en cadence deux clochettes au son argentin. Derrière lui est le suisse, qui précède les croix et bannières, à la suite desquelles vient le clergé. Puis, ce sont les pélerins, et enfin les

(1) Ce jour-là, il y a cinq messes chantées dans la petite chapelle.

voitures de ceux qui ne *peuvent* ou ne *veulent* faire la course à pied.

Pendant le trajet, on rencontre çà et là les habitants de chaque hameau qui attendent sur le bord du chemin la procession pour s'y joindre..... Dans la plaine, les simples chants de l'alouette se mêlent aux chants religieux, et l'on voit l'innocent oiseau s'élever vers le ciel, comme pour y faire monter la prière des pèlerins..... Plus loin, on pénètre dans une sombre forêt. Oh ! comme l'âme est saisie d'un pieux recueillement à l'ombre de ces vieux arbres !..... comme le cœur s'épanouit au milieu de ces chênes séculaires et laisse exhaler, dans ses chants répétés par les échos, les sentiments d'amour dont il est pénétré !...

Après trois heures de marche, on arrive à Orival, où l'on célèbre la messe, au milieu d'un concours immense de peuple venu de tous côtés.

Lorsque la messe est finie, les uns consomment le déjeûner qu'ils ont apporté avec eux ; les autres se casent comme ils peuvent dans les maisons du village transformées en auberges pour la circonstance. Après cette réfection, la procession repart de l'église en chantant le *Te Deum*. Quand ce chant est terminé, tout le monde se retourne vers la chapelle, et le maître-chantre entonne l'invocation suivante : *Sancte Paterne, quœsumus almum facere regem, jure memento salvet ut omnes nos jubilantes.* Alors on s'incline vers le vallon, pour donner le salut d'adieu, et la foule reprend sa marche en chantant, avec le plus grand enthousiasme, cette reprise, qui se répète après chaque invocation des litanies : *Kyrie eleison, qui, pretioso sanguine tuo, nos redemisti de maledicti fauce draconis.* On fait station à l'église d'Ardouval, où l'on chante l'hymne de sainte Marguerite, patronne de la paroisse. Puis, après avoir repris les litanies des saints, que l'on avait interrompues, on commence les vêpres et les complies, à la suite desquels on donne la bénédiction du Saint-Sacrement dans l'église de Bures.

Voici l'origine assignée à la procession de saint Paterne : Dans un temps très-reculé, la peste se manifesta à Bures ; des familles entières étaient enlevées par le fléau ; l'on n'entendait que des pleurs et des lamentations : la consternation était partout. C'est alors qu'on alla en procession à Orival, pour implorer l'intercession de saint Paterne, et, au bout de quelques jours, la peste cessa. Aussi fit-on le vœu de célébrer à jamais, par une procession, l'anniversaire d'un aussi grand bienfait. La tradition ajoute encore que les habitants de Bures ayant oublié leur vœu et négligé de l'accomplir pendant plusieurs années, la maladie recommença à sévir. Alors ils s'en prirent à leur négligence, et allèrent de nouveau en pélerinage à Orival. Depuis ce temps, ils se font un devoir de ne plus manquer à cette procession. Nous savons même que, au siècle dernier, quand il était défendu d'adorer Dieu publiquement, certain nombre d'habitants de Bures se cachaient pour aller invoquer saint Paterne. Les portes du lieu saint étaient fermées, mais les pauvres pélerins faisaient le tour de la chapelle, et revenaient avec un peu d'espoir dans l'âme.

Au reste, ces pestes donnèrent lieu à un grand nombre

de pélerinages et de processions votives. De nos jours, on ne se figure pas la désolation qui régnait alors dans nos contrées. En 1582 et 1584, l'épidémie sévit tellement à Abbeville , que les chirurgiens et les maîtres barbiers, qui alors exerçaient la médecine, sont contraints à soigner les pestiférés , *à paine de dix escus d'amende et d'estre privés de leurs privilèges*. Il est défendu à tous les habitants de faire aucunes réunions , également *à paine de cent escus d'amende*. Les religieuses reçoivent l'ordre de *delléguer aulcunes d'entre elles, fortes et sollides, pour secourir les mallades*. On fait défense aux curés d'envoyer les porteurs d'eau bénite dans les maisons , le dimanche , *à paine de amende contre lesd, curés et de prison pour lesd. porteurs d'eaux bénites*. On fait aussi *deffense de ne plus recepvoir aulcuns enffants ny tenir escolle*. Il est aisé de comprendre, par ce simple énoncé , la frayeur que devait inspirer le fléau qui, durant le moyen-âge, sema si souvent la mort au milieu de nos populations.

8

# ASSOCIATION DE SAINT-PATERNE.

—

L'église de Bures était dans un tel état d'abandon en 1836, qu'il fallut user de tous les moyens possibles afin de pourvoir à sa restauration. Comme les habitants ont une grande vénération pour saint Paterne, M. le curé réunit les jeunes gens au presbytère, le 14 mai 1837 et leur proposa d'entreprendre la restauration de la chapelle de sainte Barbe; ce qu'ils acceptèrent, à condition que le conseil de fabrique leur laisserait le libre emploi de la quête qu'ils feraient dans l'église les jours des dimanches et fêtes. Alors ils décidèrent qu'ils nommeraient un trésorier, chaque année, pour faire cette quête (1); qu'ils se réuniraient de temps en temps pour délibérer sur les besoins de la chapelle désignée, depuis cette époque, sous le vocable de saint Paterne; qu'ils

(1) Il y avait déjà ou un trésorier; mais la chapelle n'en était pas moins dans le plus grand abandon. En 1832, le sieur Cordier rendit compte de sa gestion, comme trésorier pendant *neuf ans* : il avait reçu 648 fr. 68 c., et il lui restait aux mains 9 fr. 88 c.

présenteraient tour à tour un pain à bénir, le premier dimanche de chaque mois; enfin, qu'ils payeraient les honoraires des messes de saint Paterne, chantées le 16 avril, les mardi et mercredi de la Pentecôte, le premier lundi de chaque mois, ainsi que les frais occasionnés annuellement pour la fourniture du cierge de saint Paterne, qu'on porte au pélerinage d'Orival. Avant de se séparer, ces jeunes gens, réunis au nombre de trente-trois, firent entre eux une petite collecte qui se monta à la somme de 53 francs.

La coutume de porter un gros cierge, à la procession d'Orival, est très-ancienne ; seulement, autrefois, on se bornait en quelque sorte à le *regreffer*. Dans le compte du trésorier de l'église, en 1648, on trouve mentionnée une somme de 4 *l.* 3 *s.* pour le cierge de saint Paix (pour saint Paër ou Paterne), et 6 *s.* à Ballan pour *le portage d'icelui.* En 1611, on ne voit figurer qu'une dépense de 20 *sols* pour le cierge, tandis qu'on y trouve 17 *sols pour port d'icelui ;* ce qui nous porte à croire que, à cette époque, le cierge aurait bien pu peser *cent livres,* comme le dit la tradition locale (la somme de 20 *sols* ne figurant au registre que pour le *raccommodage).* Le poids le plus considérable qu'il ait eu, depuis 1837, est de 46 *livres.* Depuis quelques années, son poids moyen est de 16 à 18 kilogrammes. On l'allume quelques centaines de pas avant d'arriver à la chapelle d'Orival ; sa pesanteur ne permettrait pas de le porter processionnellement durant tout le trajet.

Pendant la procession, le trésorier de saint Paterne

s'adjoint plusieurs jeunes gens pour faire une quête dont le chiffre a parfois dépassé 30 francs. Primitivement, cette quête avait lieu dans l'église d'Orival, mais elle fut interdite, en 1835, par l'abbé Lacaille, curé de Saint-Hellier, chargé du desservice de ce village. Le mardi de la Pentecôte, quelques heures après le retour de la procession, les jeunes gens se réunissent au presbytère pour nommer un nouveau trésorier, à la pluralité des voix.

Voici la liste de tous ceux qui ont rempli cette charge jusqu'en 1870 (1) :

| | |
|---|---|
| MM. Auguste Decorde. | MM. Amour Delaunay. |
| Pierre Bienaimé. | Athanase Guian. |
| Sauveur Guédon. | Amour Petit. |
| Théodore Cordier. | Félix Chapel. |
| Amour Guian. | Léopold Simon. |
| Joseph Brianchon. | Amour Ridel. |
| Ernest Planchon. | Spiridion Bryé. |
| Isidore Mutrel. | Ernest Laurent. |
| Adolphe Lefebvre. | Hippolyte Delaunay. |
| Paul Letalleur. | Modeste Varin. |
| Victorien Lefebvre. | Emile Goubin. |
| André Venambre. | Paul Auber. |
| Amédée Guian. | Maximilien Delabouglise. |
| Eugène Guian. | Juste Letoue. |
| Adolphe Petit. | Gustave Auber. |
| Eugène Cordier. | Joseph Lefebvre. |
| Gabriel Simon. | Achille Guian. |

(1) Cette liste contient plus de noms qu'il s'est écoulé d'années depuis l'institution de l'*Association*, attendu que plusieurs trésoriers ont contracté mariage avant la fin de leur gestion.

Pendant une période de 34 ans, ces trésoriers ont recueilli une somme totale de 4,681 fr. 81 c. Deux seulement ont réuni moins de *cent francs* durant leur année de gestion. Quatre ont dépassé *deux cents :* MM. Théodore Cordier, 207 fr. 75 c.—André Venambre, 219 fr. — Ernest Planchon, 221 fr. — Léopold Simon, 248 francs.

Ces sommes représentent le produit des quêtes et de la vente du pain offert chaque mois, dont on ne bénit que ce qui doit être distribué aux fidèles ; le reste est partagé en gros morceaux, et vendu sous le porche, après la messe, au profit du trésor. Dans cette somme est également compris le prix de la couronne du pain offert en commun, le jour de Noël, par les jeunes gens de la paroisse, qui sont tous invités par le trésorier, pourvu qu'ils aient fait leur première communion. Cette couronne n'est jamais vendue moins de *dix francs*, et elle est toujours rachetée par les jeunes gens, pour être mangée dans une réunion qui a lieu à l'issue des vêpres.

Le 24 décembre 1837, au moment de vider le tronc de Saint-Paterne, on s'aperçut qu'il avait été forcé, et l'on n'y trouva qu'une somme de 6 fr. 40 c., montant présumé des deux dernières quêtes. A la suite d'investigations poursuivies avec persévérance, M. le curé finit par découvrir le coupable. C'était un enfant de douze à treize ans qui avait volé une somme assez importante, en plusieurs fois, et l'avait perdue au jeu avec ses camarades. L'argent volé fut restitué par le père de l'enfant.

Parmi les dépenses faites par l'*Association* de Saint-Paterne, nous mentionnerons les deux suivantes : en 1848, achat d'une croix de procession, du prix de 145 francs ; — en 1860, main-d'œuvre de la baie d'une fenêtre et fourniture d'une verrière, tout compris, 355 francs.

# TRÉSORIERS DE L'ÉGLISE.

—

Nous allons donner les noms des trésoriers de l'église, qui ont rempli cette charge depuis 1836 jusqu'en 1870, comme nous le faisons pour les trésorières de la Vierge et les trésoriers de Saint-Paterne.

MM. Germain Guian.
Françoís Cauchoix.
Amédée Guian.
Pierre Millevoix.
Germain Guian.
Aimé Chevallier.
Pascal Planchon.
Louis Hodant.
Charles Helluy.
Pierre Denléport.
Louis Delaunay.
Germain Guian.
Joseph Boutillier.
Joseph Brianchon.
Amour Guian.
Magloire Lefebvre.
Alexis Delaunay.

MM. Spiridion Cartier.
Gabriel Simon fils.
Félix Chapel père.
Romain Havet.
Auguste Dumanoir.
Amédée Vasselin.
Joseph Sélecque.
Félix Chapel père.
François Delaunay.
Jacques Durand.
Eugène Guian.
Léopold Simon.
Amédée Guian.
François Servin.
Athanase Guian.
Dieudonné Chouquet.
Prosper Lefebvre.

Pendant ce laps de temps, deux trésoriers ont quêté moins de 100 francs, dix-sept moins de 150 francs, et un plus de 200 francs : M. Léopold Simon, qui a recueilli 219 francs. Dans le produit des quêtes, est compris le prix de quelques morceaux de pain non bénit, vendu après la messe, quand le pain offert est plus que suffisant pour la distribution. On ne bénit que ce qui doit être distribué aux fidèles.

# TRÉSORIÈRES DE LA SAINTE-VIERGE.

—

Les archives de la fabrique ne nous fournissant aucuns renseignements sur les noms des demoiselles qui furent nommées, avant 1836, pour former les ressources nécessaires à l'entretien et à l'ornementation de la chapelle de la Sainte-Vierge, nous ne pouvons citer que les noms des trésorières qui ont rempli cette charge à partir de cette époque.

MM<sup>lles</sup> Vénérande Delaunay.
Eugénie Decorde.
Zoé Hodant.
Anastasie Bienaimé.
Florence Cartier.
Clarisse Hodant.
Damarice Cauchoix.
Virginie Guian.
Zulma Guian.
Henriette Damanoir.
Adeline Venambre.
Préférée Petit.
Désirée Delaunay.
Césarine Chouquet.
Séraphine Guian.
Apolline Delaunay.
Julie Letoue.

MM<sup>lles</sup> Adeline Rimbert.
Damarice Bienaimé.
Damarice Guian.
Alzina Lefebvre.
Désirée Chouquet.
Célérine Duvéré.
Adeline Delaunay.
Ismérie Carel.
Arthémise Anselin.
Léopoldine Havet.
Clémentine Laurent.
Lucile Sélecque.
Antoinette Delabos.
Célina Drouet.
Emma Brianchon.
Joséphine Guian.
Joséphine Durand.

La trésorière de la Vierge trouve ses ressources dans la quête qu'elle fait, à l'église, aux jours des dimanches et des fêtes, dans la vente des morceaux non bénits qui restent des pains offerts en l'honneur de la Sainte-Vierge, et dans le prix de la couronne de son pain bénit de cérémonie, auquel elle convie ses compagnes. Ces couronnes, vendues à l'enchère, ont parfois atteint le chiffre de 60 francs. Durant une période de trente-quatre années, cinq trésorières ont recueilli moins de 60 francs, dix ont dépassé 100 francs, et deux ont été au-delà de 200 francs : M^lle L. Havet, 210 francs, et M^lle J. Durand, 200 francs 20 centimes.

# QUÊTES.

—

Il résulte, de nos recherches, que les quêtes faites dans l'église de Bures, de 1836 à 1870, ont produit :

| | | |
|---|---|---|
| Quêtes des trésoriers de l'église....... | 4,927 fr. | 45 c. |
| Quêtes des trésorières de la Vierge... | 3,035 | 62 |
| Quêtes des trésoriers de Saint-Paterne. | 4,681 | 81 |
| Quêtes des trépassés................. | 1,349 | 72 |
| Total........... | 13,994 fr. | 60 c. |

# MAISON DU CAPITAINE DES MARETS.

—

Pendant plusieurs siècles, on désigna sous le nom
de *Maison du capitaine des Marets* une de ces belles
constructions en bois, comme on savait les bâtir aux
xv° et xvi° siècles, et qu'on détruit sans scrupule dans
notre ère de progrès. Cette maison, située à peu près en
face de l'église, sur le bord de la rue, est remplacée
aujourd'hui par une construction nouvelle, plus en
rapport avec les goûts du jour. Pour nous, ami des
vieilles choses, quand elles ont du mérite, nous aurions
préféré la restauration de l'ancienne maison à la construction de la nouvelle; mais....... chacun son goût.

Outre la maison à laquelle nous consacrons cet
article, on a également démoli une autre maison du
xvi° siècle, qui n'était pas sans intérêt. C'était une construction en briques, dont les pignons étaient taillés en
gradins. L'encadrement des fenêtres était en pierre
blanche. Primitivement ces fenêtres avaient été partagées
en quatre, par une croix également en pierre et ornée
de moulures; mais un zélé agent des contributions, trop
jaloux de faire rendre à l'impôt tout ce qu'il peut rendre,

voulut imposer cette fenêtre comme *formant quatre ouvertures*. Pour obvier à cette ingénieuse tracasserie, le propriétaire des fenêtres fit détruire les croix ou meneaux, et M. le contrôleur ne trouva plus qu'*une ouverture*. C'est par de tels procédés qu'on arrive à faire disparaître les types divers de notre architecture. Cette maison avait de grandes ouvertures de cheminées, au-dessus desquelles avaient existé des armoiries; on voyait encore, sur un écusson, le chiffre JHS (*Jesus Hominum Salvator*) au moment de la démolition.

Les *vieilles* maisons ont donc été démolies en 1867. Chose assez singulière! dès le 4 février, avant que la hache et le marteau fussent levés pour donner le signal de destruction de ces édifices historiques, nous recevions une lettre d'un artiste de Paris, qui nous informait qu'il allait faire une communication au *Comité impérial des travaux historiques* et à la *Commission des antiquités de la Seine-Inférieure*, afin de tâcher de conserver la curieuse maison du capitaine des Marets à l'admiration des amis des arts. La protestation de M. André Durand eut le sort qu'on devait attendre : elle prouva une fois de plus le zèle de son auteur pour la conservation des belles choses; elle provoqua la publication de plusieurs articles dans les journaux (1), mais elle ne put empêcher la démolition de la maison de Charles des Marets!

(1) M. Durand se proposait de publier, dans le journal l'*Illustration*, un nouveau travail accompagné d'une vue d'ensemble dessinée par MM. Guilmard, de Versailles, en septembre 1866; mais la mort de notre regretté collègue ne lui aura peut-être pas laissé le temps de réaliser son projet.

Afin de conserver au moins un souvenir de cet édifice, nous allons tâcher de le faire revivre, à l'aide de notes prises avant et pendant la démolition.

Cette maison, sous laquelle existaient de belles caves, offrait une façade de seize mètres de longueur sur sept mètres d'élévation, à partir du sol jusqu'au larmier de la couverture en tuiles, laquelle n'était percée d'aucune lucarne (1).

Au milieu du comble sortait le carré en briques de la cheminée, qui était assez élevé : les corniers formaient des espèces de pilastres ; sur la face principale, on apercevait deux grands médaillons sur l'un desquels on distinguait encore les restes d'une tête de femme, qui n'avait pas été épargnée par les iconoclastes du siècle dernier.

L'embasement de l'édifice était formé de grès, de pierre blanche et de silex ou cailloux noirs, le tout distribué en carrés et losanges d'inégale grandeur.

Du côté de la rue, il n'y avait qu'une seule porte d'entrée (2), large d'un mètre soixante centimètres, et haute de deux mètres dix-huit centimètres, placée à deux mètres du pignon du nord. L'ensemble de la façade était divisé en sept travées partagées par de grosses poutres sculptées et ornées de statuettes dont les figures avaient malheureusement été mutilées à la révolution de 1793.

---

(1) Au besoin, le grenier était éclairé par une porte placée au pignon.

(2) Dans cette description, nous ne tenons pas compte des changements survenus dans la distribution de cette habitation depuis la fin du siècle dernier.

Au rez-de-chaussée, la porte occupait la deuxième travée
du nord ; deux fenêtres remplissaient la troisième et la
sixième. Ces fenêtres étaient carrées et partagées en six
compartiments par des traverses en bois. Les trois divi-
sions du haut avaient à peu près le quart en étendue de
celles du bas, et le tout était garni de soixante-trois
carreaux : quinze à chaque châssis du bas, et six à chacun de ceux du haut. Ces fenêtres, comme celles qui se
trouvaient du côté de la cour, étaient protégées par une
belle grille en fer formant saillie, divisée en carrés de
dix-sept centimètres de hauteur et de vingt-trois centimètres de largeur. L'ensemble de chacune de ces fenêtres
offrait une superficie de deux mètres de largeur sur un
mètre cinquante-cinq centimètres de hauteur.

L'étage supérieur s'avançait sur le rez-de-chaussée, et
toute la partie rentrante et intermédiaire formait une
corniche ornée de curieuses sculptures. Une autre corniche, de près d'un mètre de hauteur, et chargée de
moulures diverses, existait également sous le larmier de
la couverture.

La deuxième et la troisième travées de cet étage
étaient garnies de volets distribués par trois, comme les
fenêtres du rez-de-chaussée, c'est-à-dire six plus grands
et six plus petits ; mais chacun des grands était subdivisé
en quatre petites portes s'ouvrant isolément et à volonté ;
cinq des petits se composaient de deux portelettes, et le
sixième était remplacé par une fenêtre à plombs. La
même disposition se remarquait du côté de la cour. Ces
ouvertures descendaient jusqu'à quatre-vingt-quinze
centimètres du carrelage de l'appartement. La sixième

travée était occupée par une fenêtre ordinaire. Toutes les autres travées étaient remplies par divers agencements de charpente fort gracieux et très-variés.

Primitivement, cette belle maison ne contenait que quatre pièces, deux en bas, et deux en haut, dans chacune desquelles était une grande cheminée (1). Les deux cheminées du rez-de-chaussée étaient les plus simples. Les chapiteaux de celles du premier étage étaient ornés d'intéressantes sculptures. On y voyait des enfan's nus, une figure ailée et accroupie, avec des pieds de griffon, une espèce d'ange exterminateur armé d'une épée et d'un bouclier, un petit chevalier tenant sa flamberge pointe baissée, etc., etc. Ces chapiteaux offraient également des écussons sans armoiries. L'entablement des cheminées avait un mètre soixante centi mètres de hauteur, et se terminait par deux boudins réunis en accolade et supportant un grand écusson surmonté d'une couronne. Malheureusement, le tout a été mutilé. Çà et là, nous avons lu des dates et des noms gravés sur la pierre de ces cheminées : 1607, — 1609, — 1610, — Guillavme Lainsné, 1618, — Lovis Le Page, 1618, etc.

La plus belle de ces cheminées était dans la grande pièce du nord du premier étage. Voici les dimensions du foyer : hauteur sous linteau, un mètre soixante-quinze centimètres ; largeur de l'entrée, trois mètres dix

---

(1) Trois de ces cheminées ont été acquises, au prix de 500 francs, par M. le marquis des Roys, pour être utilisées dans un château qu'il a le projet de faire bâtir à Gaillefontaine.

centimètres ; largeur du fond, deux mètres trente-cinq centimètres ; profondeur, quatre-vingts centimètres.

Cette pièce, d'une superficie de huit mètres quatre-vingts centimètres, sur sept mètres quatre-vingt-dix centimètres, était carrelée en pavés vernissés en vert, de quatorze centimètres de côté; elle avait trois mètres dix centimètres d'élévation pour atteindre aux soliveaux, proprement varlopés, dont les interstices étaient garnis de planchettes variant de six centimètres à douze centimètres de largeur. Ces soliveaux, au nombre de vingt-quatre par rangée, portaient sur de beaux sommiers de trente-cinq centimètres de face. C'est dans cette pièce que se trouvaient les volets si curieux, divisés en trente-quatre petites portes de chaque côté de l'appartement, qui servaient à augmenter le jour fourni par les deux panneaux de vitres à plombs, et à donner de l'air dans la belle saison. On pouvait, à volonté, ouvrir tous les volets à la fois; alors l'air et le jour arrivaient par une ouverture de quatre mètres trente centimètres à l'est et à l'ouest. La chaleur du soleil devenait-elle gênante, on laissait un côté fermé. On pouvait aussi établir une ventilation, en ouvrant les petites portes d'en haut. En un mot, rien de plus ingénieux que le système adopté pour ces ouvertures, qu'on fermait très-hermétiquement au moyen de charmants ouvrages de serrurerie !

Nous supposons que les murailles étaient recouvertes de tapisseries, au temps de la splendeur de cette maison. Toutefois, le mur du pignon avait été orné de peintures dont on voyait encore quelques traces dans ces derniers temps : au milieu du feuillage, on distinguait un homme

9

tendant le bras vers une main qui semblait présenter quelque chose, Adam peut-être recevant d'Eve le fruit défendu dans le paradis terrestre. D'après la tradition locale, cette pièce servait de lieu de réunion pour les protestants, au xvii° siècle. On assure même qu'un curé de Bures aurait été tué d'un coup d'arquebuse, parti de là, au moment où il entrait dans l'église par la petite porte.

De cette salle, on communiquait dans la pièce voisine par une porte placée à droite de la cheminée, ayant un mètre quatre-vingts centimètres de hauteur sur un mètre de largeur. La porte primitive existait encore au moment de la démolition. Au rez-de-chaussée, on passait également d'une pièce dans l'autre; mais la porte, placée à gauche de la cheminée, avait été supprimée.

En démolissant les cheminées du premier étage, on découvrit, sous l'âtre  e celle du sud, quatre cachettes en briques, recouvertes de grands pavés. Ces cachettes étaient carrées, larges de vingt-quatre centimètres au fond et de quarante centimètres à l'ouverture, profondes de cinquante-cinq centimètres. Nous pouvons ajouter qu'elles étaient vides au moment de leur découverte; mais elles avaient pu servir à l'époque des troubles religieux. En effet, pendant longtemps, cette maison fut la propriété de la famille du Feugueray. Or, nous voyons, dans les archives de l'église de Bures, qu'une rente de 8 *livres* 8 *sols*, due par M. du Feugueray, n'est pas portée en compte, par le trésorier, aux années 1706, 1707, 1708, 1709, 1710, *pour le dit sieur de Feugueray auoir passé en Hollande à cause de la religion.* Cette rente était fondée sur sa propriété de Burette, qui fut réunie au domaine, disent encore nos archives, *pour l'absence dudit sieur du Feugray* RELIGIONNAIRE. Dans le compte-rendu en 1713, on voit figurer une recette de *42 livres* pour cinq années d'arrérages de cette rente, *due par la succession du sieur Le Noble de Feugueray religionnaire fugitif du royaume suiuant l'ord.*[ce] *de mgr l'intendant de la généralité de Rouen.* D'où nous concluons que M. du Feugueray, qui était protestant et habitait la maison qui nous occupe, aurait bien pu mettre divers objets en sûreté dans nos quatre cachettes avant son départ pour la Hollande.

Une autre trouvaille faite dans l'intérieur de la maçonnerie d'une cheminée, au premier étage, mérite d'être mentionnée : c'est celle de deux œufs de poule. Ces œufs étaient vides et d'une grande blancheur. Nous n'aurions vu , dans cette rencontre , qu'un caprice d'ouvrier, que nous aurions passé sous silence ; mais nous savons que, il y a quelques années, un œuf a également été trouvé au milieu d'une muraille du château de Mesnières, au moment des travaux exécutés à la partie la plus ancienne de ce magnifique monument. C'est pourquoi nous avons cru devoir relater ce fait.

Dans un bâtiment qui se trouvait auprès du jardin, et qui servait peut-être de logement au gardien de la maison, existait encore une cheminée en pierre, du même genre que celles dont nous avons parlé ; mais elle était beaucoup moins grande et moins riche en ornementation. Elle a été utilisée en partie dans la cuisine de la nouvelle habitation.

A une distance de 70 à 80 mètres de la maison que nous venons de décrire, on voit un monticule, en forme de cône tronqué, fait de main d'homme, comme il en existait encore, il y a quelques années, à Saint-Vaast et en divers autres lieux. Ce monticule, connu de temps immémorial sous le nom de *La Motte*, était entouré d'une double enceinte de fossés larges et profonds qui ont été presque entièrement comblés. Comme ces anciennes buttes étaient assez communes dans les environs, nous supposons qu'elles avaient été élevées pour exercer la surveillance aux alentours, pour procurer une retraite contre les attaques des ennemis, et peut-être aussi pour correspondre d'un point à l'autre. Ces *Mottes* étaient très-multipliées au temps des Romains; mais nous n'oserions affirmer que celle de Bures remontât à cette époque, encore moins à l'époque gauloise ou même préhistorique, comme quelques-uns l'ont pensé, et d'après lesquels les Romains et les Normands se seraient successivement approprié ces anciens ouvrages pour se mettre à l'abri des différents peuples envahisseurs de nos contrées. Nous ne croyons pas davantage qu'on puisse voir là une *Motte* seigneuriale, comme on en éleva auprès des anciens manoirs, en signe de châtellenie, sur lesquelles on tenait les plaids sous un arbre. Il nous paraît plus probable que ces *Mottes* ont été faites par les ducs de Normandie aux x^e, xi^e et xii^e siècles. M. de Caumont cite un passage de Jean de Colmieu, extrait de la vie de saint Jean, évêque de Térouane, vers la fin du xi^e siècle, qui dit formellement que, à cette époque, c'était l'usage de faire élever ces *Mottes*. Voici la traduction de ce que dit cet historien, en parlant des hommes les plus marquants de son temps : « Ils élèvent aussi haut qu'il leur est possible un monticule de terre transportée ; ils l'entourent d'un fossé d'une largeur considérable et d'une effrayante profondeur ; sur le bord intérieur du fossé, ils plantent une palissade *de pièces de bois équarries et fortement liées entre elles,* qui équivaut à un mur. S'il leur est possible, ils soutiennent cette palissade par des tours élevées de place en place. Au milieu de ce monticule, ils bâtissent une maison ou plutôt une citadelle d'où la vue se porte de tous côtés également. On ne peut arriver à la porte de celle-ci que par un pont qui, jeté sur le fossé et porté sur des piliers accouplés, part du point le plus bas, au-delà du fossé, et s'élève graduellement jusqu'à ce qu'il atteigne le sommet du monticule et la porte de la maison, d'où le maître le domine tout entier. »

D'après ce que nous avons dit des ducs de Normandie, qui possédaient une chapelle à l'église de Bures et un manoir dans le voisinage, *secus atrium ecclesiæ,* nous concluons que la *Motte* remonte à cette époque.

Après avoir donné la topographie de cette curieuse maison, nous allons tâcher de constater son origine et de reconnaître si véritablement elle a appartenu au brave des Marets.

Que la famille du capitaine des Marets ait possédé des propriétés à Bures, cela est tout-à-fait hors de doute. Mais que la maison qui portait le nom de ce vaillant homme, et qu'on vient de détruire, soit celle qu'il habitait, quand on vint le chercher, en 1435, pour délivrer la ville de Dieppe de la garnison anglaise, nous ne le pensons pas. Tout nous porte à croire que, après avoir été nommé aux fonctions de capitaine de Dieppe, fonctions qu'il avait déjà remplies quinze ans auparavant, il ne revint guères ici, et habita la ville confiée à sa garde, occupé à réparer ses fortifications et à en élever de nouvelles, puisque c'est lui qui fit construire les trois grosses tours du château, du côté de la mer. Nous ne supposons donc pas que Charles des Marets vint se fixer à Bures après 1435. Ce dut être précédemment, vers 1420, à la suite d'une autre invasion des Anglais en Normandie ; mais notre belle maison n'existait pas encore, et le moment n'était guère favorable pour la bâtir. Cette construction a dû être postérieure à l'année 1450, qui vit la fin de la domination anglaise en Normandie. Toutefois, comme le pays ne commença guères à jouir d'une tranquillité parfaite que vers 1475, à la suite du traité conclu, à Amiens, entre Louis XI et Édouard IV, pour le retour de ce dernier en Angleterre, nous supposons que c'est alors qu'on vit s'élever la maison dont nous cherchons l'origine, à la place occupée précédemment par celle de Charles des Marets ; ce qui a pu donner lieu au nom sous lequel elle fut désignée jusqu'au moment de sa destruction. Les caractères architectoniques se rapportaient parfaitement à cette époque, et certaines inductions nous semblent confirmer notre hypothèse.

Quand cette période de calme arriva, la famille du célèbre capitaine habitait encore le bourg de Bures. En 1467, Raoul de Maretz, prêtre, demeurant à Bures, prit à fieffe de Nicole Le Roux, curé de la paroisse, une portion de masure, au prix de 17 *sous* 6 *deniers* de rente annuelle. Plus tard, un autre membre de cette famille, Thomas Maretz ou des Maretz, prit à louage, pour cinq ans, d'un nommé Colin de Beaumont, *une tuilerie sise à Bures*, moyennant *quatre milliers* de tuiles par an. Il nous paraît vraisemblable que Thomas des Maretz avait loué cette tuilerie à son usage, au moment de la construction de la maison qui nous occupe. Nous croyons également que cette famille entreprit une œuvre d'art au-dessus de sa position de fortune, et qu'elle y trouva sa ruine. En effet, les archives conservées à la préfecture nous apprennent que Colin de Beaumont, n'ayant pu se faire payer de Thomas des Maretz, fit saisir *une masure et héritages sis à Bures qui furent décrétés par adjudication* en 1482. D'un autre côté, les mêmes archives nous font voir que Raoul Desmaretz se trouvant dans l'impossibilité de payer la rente qu'il devait pour la masure qu'il avait prise à fief, il y eut, en 1495, adjudication, par décret, de cette masure, *qui fut à M.ʳᵉ Raoul des Maretz au proffit du prieur de nʳᵉ Dame du Pré*. Puis, nous voyons, dans les anciens titres de propriété de la maison des Maretz, que la maison qui porte son nom fut vendue, en 1480, par Guillaume Paresy, *à la requeste et par vertu des lettres de noble homme Jehan* sieur de la Pommeraie. Or, il est dit dans cet acte que la *maison, masure, prez, jardins et héritages qui furent et appartindre a defunt Guille Paresy* furent vendus *pour payer les debtes du dit Paresy*. D'où nous concluons que ce Paresy, qui devait être allié à la famille des Maretz ou qui avait acheté sa propriété, se ruina probablement dans la construction ou l'acquisition de cette maison.

Quoi qu'il en soit, nous n'avons trouvé aucune trace de Charles des Maretz dans les titres relatifs à cette propriété, et nous avons reconnu d'une manière certaine qu'elle était possédée, en 1480, par *Jehan Le Noble, escuyer, sieur de la Preuse,* lequel avait dû en prendre une partie à fieffe du prieuré de N.-D. du Pré, car nous trouvons dans le *Papier du revenu de la baronnie de Bures,* à l'année 1639, la mention d'une rente due par la famille Le Noble *por la fieffe de la Mothe* (1). De plus, ce qui indique que le prieuré de N.-D. du Pré posséda une partie des dépendances de la maison de des Maretz, c'est qu'il donne à fieffe, en 1523, à Pierre Le Noble, demeurant à Bures, le *jardin de la Mothe.* Au reste, tout ce qui se rattache aux *fiefs* en général est souvent si embrouillé, que nous ne saurions prétendre ne laisser ici rien d'obscur.

Lorsque Jean Le Noble fut possesseur de la maison de des Marets, il lui prit fantaisie de faire construire une maison de quatorze à quinze pieds de long sur la *Mothe;* mais, par suite d'une sentence rendue en 1497, il fut *condamné de desmolir l'entreprise de bastiment qu'il auait fait fuire.*

La similitude des noms de baptème ne nous permet guère d'établir une liste exacte des membres de la famille Le Noble qui ont possédé successivement cette

(1) En 1304, *La Mothe* était possédée par le marquis de Tondos.

maison. Nous dirons seulement que, à la suite du décès de Jehan Le Noble, écuyer, sieur de la Preuse, *damoiselle* Hélène Poyer, sa veuve, *bailla les loths et partages a Pierre Le Noble escuyer sieur du Feugueray et a Jacques Le Noble aussi escuyer sieur de la Leane* (ses neveux) *cohéritiers en la succession mobilière et héréditable dudit défunt sieur de la Preuse des héritages qu'il auoit acquis par droit de justice des hoirs de défunt Guille Paresy assis en la paroisse de Bures pour en choisir ung loth pour les dits sieurs héritiers et l'autre moitié pour non choix a la dicte damoiselle pour son douere.*

Les deux neveux de Jehan Le Noble demeuraient *en la ville de Dieppe;* mais, en 1622, Pierre Le Noble vint habiter la maison qu'il avait fait bâtir à Burette, pour laquelle il reconnut par aveu devoir une rente seigneuriale de 27 *livres* par an.

En 1615, la ferme de la *Motte* appartenait à Pierre Le Noble, écuyer, sieur du Feugueray, demeurant à Dieppe.

En 1652, elle était devenue la propriété de Jacques Le Noble, écuyer, sieur des Londres.

En 1779, Jean-Edme-Pierre Le Roux, chevalier, seigneur et patron de Ricarville, du Feugueray et d'Epinay, chevalier de l'ordre royal et militaire de Saint-Louis et lieutenant-colonel de dragons, demeurant à Neufchâtel, paroisse de Saint-Jacques, fit un état de lieux de la ferme de la *Motte*, occupée par Jacques Courtois. Le bailleur se réservait la salle, « dans laquelle le preneur pourra néanmoins passer, dit-il, excepté lorsque j'y serai. »

Il y a quelques années, elle était la propriété de M. Prudent Carrel, qui la vendit à M. Léopold Simon, en 1866.

Après avoir parlé de la maison de Charles des Marets et de quelques-uns de ses propriétaires, il nous reste à ajouter une courte notice sur le brave capitaine dont le nom est resté populaire à Bures.

Le lieu de la naissance de Charles des Marets n'est pas plus connu que celui de sa mort. Pour nous, nous pensons qu'il est né à Bures, où sa famille résidait encore à la fin du xv⁰ siècle, et qu'il est décédé à Arques, où ses armes se trouvent dans une verrière de l'église. On lit au-dessous : CHARLES DES MARÈS et PHILIPPE DES MARÈS ; ce qui semble indiquer que plusieurs membres de cette famille s'étaient retirés à Arques. Il ne faut pas s'inquiéter de l'orthographe du nom, qu'on rencontre indistinctement écrit : *des Marès, des Mares, des Marest, des Maretz, des Marestz, des Marets, des Marais, du Marais, de Maréts.*

Quoi qu'il en soit, M. de Grattier, qui appartenait par sa mère à la famille de l'intrépide capitaine, a publié, dans les *Mémoires de la Société des Antiquaires de Picardie,* une notice sur Charles des Marets, dans laquelle il le signale comme ayant débuté par un coup de maître dans la carrière des armes, en combattant victorieusement, en 1415, Henri V, roi d'Angleterre, sous les murs du château de Mesnil-Haquet (aujourd'hui Charles-Mesnil). D'après cet auteur, le jeune des Marets, qui n'avait alors que quinze ans, aurait de nouveau atteint et défait les Anglais, dans leur retraite, auprès du donjon d'Inerville, en face de Bellengreville.

En 1431, Charles des Marets s'empare du château de Rambures par escalade. En 1434, il surprend la ville et forteresse de Saint-Valery. Mais il est bientôt forcé de capituler : on convient que chefs et soldats s'en iront « sauvement avecque leurs biens. » Au mois de mars 1435, il surprend la ville de Rue et y pénètre par escalade. Il s'avance jusqu'auprès de Boulogne, où il recueille, à la suite d'une escarmouche, « foison de chevaux et autre bestial. » En revenant sur ses pas, il enlève Etaples et Crécy aux Anglais. Mais il est blessé dans une de ses sorties, et obligé de venir à Bures pour faire soigner sa blessure dans sa famille.

En se retirant de Dieppe, disent les *Mémoires chronologiques* de Desmarquets, Henri V y avait laissé une garnison ; mais, comptant peu sur la fidélité des Dieppois, et, pour s'assurer de leur conduite, il fit enlever à Rouen les enfants des principaux bourgeois. Comme on se mettait en mesure d'exécuter cet ordre, un grand nombre de Dieppois prit les armes et parvint à délivrer plusieurs de ces enfants. Cependant, la paix n'était pas faite, et les habitants, traqués dans l'église Saint-Jacques, furent obligés de rendre ces enfants pour obtenir la liberté. Alors, afin d'éviter la surveillance de la garnison, les Dieppois s'en rapportèrent à quatre notables d'entre eux pour opérer dans le secret une nouvelle révolution. Quand tout fut disposé, un des quatre délégués sortit de la ville sous un faux prétexte, et se rendit à Bures, pour faire part à Charles des Marets des préparatifs. Le projet fut approuvé, et, dans la nuit du 17 novembre 1435, le vaillant capitaine, *accompagné du maréchal de Rieux, s'achemina avec les troupes qu'il avait amassées, et, ayant passé la rivière de basse eau, surprit la ville, en montant par-dessus les murailles avec des échelles, et la prit par escalade, quoiqu'elle fut très-forte et bien gardée.*

Le manuscrit d'Asseline, qui nous donne ces derniers détails, parle aussi du projet des Anglais de faire enlever *les enfants mâles du pays de Caux et de Dieppe ;* mais, d'après ce chroniqueur, l'enlèvement devait se faire en Angleterre, et non à Rouen, comme le disent les *Mémoires chronologiques.* En agissant ainsi, les Anglais avaient le dessein d'inspirer à ces enfants *l'amour du pays et de la nation, en leur apprenant leur langue et leur manière de vivre, et, par ce moyen, les rendre plus sociables.*

Vers la fin de l'année 1442, le fameux Talbot quitta tout-à-coup Caudebec, traversa rapidement le pays de Caux, s'empara du Pollet et vint mettre le siége devant Dieppe. Au bout de cinq mois, il voulut donner l'assaut ; mais heureusement le capitaine des Marets était là, et, après une lutte acharnée qui dura six heures, les Anglais furent repoussés et obligés de retourner à la bastille qu'ils avaient élevée sur la falaise qu domine le Pollet. Asseline dit que cette bastille était armée de « deux cents canons, grosses bombardes et autre artillerie. » Néanmoins, elle fut prise un peu plus tard, le 14 août 1443, par le Dauphin, qui était venu au secours du capitaine des Marets, à la tête de 3,000 hommes d'armes et de nombreux archers. C'est en souvenir de cette victoire que le Dauphin, qui devint Louis XI, institua à Dieppe une fête annuelle et religieuse qui durait plusieurs jours. De son côté, le capitaine des Marets fonda une confrérie de l'*Assomption*, dont il fut le premier grand-maître, et continua la guerre contre les Anglais jusqu'à la paix générale. En 1448, il reprit Fécamp, dont l'ennemi s'était de nouveau rendu maître. Enfin, en 1449, ce fut lui qui s'empara de l'enceinte du château d'Arques et y tint en quelque sorte ses défenseurs prisonniers, pendant deux mois, en attendant leur reddition. A partir de là, nous ne pouvons plus mentionner qu'une chose : c'est que *noble personne Charles des Marets écuyer seigneur de Boissy le Chatel en Brie capitaine de la ville de Dieppe et demoiselle Marye des Essarts sa femme* firent l'acquisition de la terre de Saint-Aubin-le-Cauf le 29 octobre 1455, et que cette terre était encore dans la même famille en 1669.

# TOURPES [1].

—

Nous avons dit que la *basse* justice se rendait à Tourpes dans le manoir de la famille d'Estrées. C'était alors un château entouré de fossés remplis d'eau, où l'on n'entrait qu'à bonne enseigne ; mais il ne reste plus que le squelette de cette construction du xvi° siècle, flanquée de deux tours dont l'une servait de prison. Les fossés ont été comblés ; une grande partie des appartements a été convertie en étables, écuries, etc.; la lune n'a plus à éclairer de promenades sur la galerie du principal corps de logis ; la chapelle sert de laiterie, et les débris du saint patron (saint Christophe) gisent oubliés au coin d'une muraille. A l'intérieur, un ou deux panneaux des lambris primitifs rappellent seuls la richesse des anciens hôtes du manoir qui depuis longtemps déjà sert d'habitation au fermier.

Le dernier membre de la famille d'Estrées qui posséda

---

(1) Certaines personnnes sont portées à dériver ce nom du latin *turpis*, qui signifie *honteux*, *sale*, *etc.* Nous croyons qu'il vient plutôt du teutonique *torp*, qui veut dire *village*. Nous avons rencontré le nom de *Jehan*, *chevalier*, *sire de Tourpes*, dès l'année 1347.

Tourpes fut Victor-Marie, maréchal duc d'Estrées, qui mourut en 1737 sans postérité. Alors, sa succession fut recueillie par Louis-Charles-César Letellier, marquis de Louvois et de Courtanvaux, connu plus tard sous le nom de comte d'Estrées, qui mourut également sans enfants, en 1771, après avoir institué son neveu pour héritier : François-César Letellier, marquis de Louvois et de Courtanvaux.

Devenu seigneur de Tourpes, Fresles, Mansigny, Favencourt, Isamberteville (1), etc., le marquis de Courtanvaux, comte de Tonnerre, ne conserva pas ces terres longtemps. Il les vendit en 1779 à Nicolas-Louis Becquet, sieur de Longmesnil, qui ne tarda pas à les revendre au marquis de Biencourt-Poutraincourt, seigneur de Mesnières, lequel les possédait déjà en 1781. En 1835, la terre de Tourpes fut achetée par M. Payenne-ville-Queval, de Rouen, qui fit faire de nombreuses plantations sur les coteaux environnants.

A l'époque de sa splendeur, Tourpes avait son chapelain particulier; mais il arriva plus d'une fois que la chapelle resta sans titulaire. Au commencement du siècle dernier, nous voyons les curés de Bures se plaindre de ce que cette chapelle *n'est point desservie*, et ils ajoutent que *son bien sert à gager le garde chasse.* Ce bénéfice finit par être joint à celui du curé de la deuxième

(1) Le hameau de Mesnières qui porte aujourd'hui le nom d'*Isam-berteville* doit être le même lieu qui figure dans l'acte de donation d'une pièce de terre (avril 1231) située à l'arbre d'Herenbertoville : *ad arborem Herenberteville.* Nous sommes d'autant plus porté à le croire que, parmi les témoins, on cite Robert, curé de Mesnières.

portion de Bures. Le dernier *titulaire de la chapelle de saint Christophe du château de Tourpes* fut l'abbé Augustin-Jacques Bélami, d'Abancourt.

Maintenant, il nous reste à parler de Gabrielle d'Estrées, dont le nom est si connu des habitants de Bures.

M. A. Guilmeth dit que Gabrielle naquit au manoir de Tourpes, dans la première moitié du xvi⁰ siècle, tandis qu'au rapport de M. Berger de Xivrey, elle ne vint au monde que vers 1575. Elle descendait d'Antoine d'Estrées, marquis de Cœuvres, vicomte de Soissons, premier baron du Boulonais, et de Françoise Babou de la Bourdaisière. De ce mariage sortirent sept enfants, que les mauvaises langues de l'époque appelèrent les *sept péchés mortels.*

Ce fut au château de Cœuvres, en passant chez M. d'Estrées, que Henri IV vit la belle Gabrielle, pour la première fois, le 10 novembre 1590. La première lettre qu'il lui écrivit est du 4 février 1593 et commence ainsi : *Mon bel ange, si à toutes heures m'estoit permis de vous importuner de la mémoire de votre subject, je crois que la fin de chaque lettre seroit le commencement d'une aultre, etc.* On fit courir, dans le temps, l'épigramme suivante sur le nom de *bel ange* que le Béarnais aimait à donner à Gabrielle :

Gabriel vint jadis à la Vierge annoncer
Que le Sauveur du monde auroit naissance d'elle;
Mais le roi aujourd'hui par une Gabrielle
A son propre salut a voulu renoncer.

Si Antoine d'Estrées fut flatté de recevoir la visite du roi au château de Cœuvres, il paraît que plus tard il ne vit pas de bon œil ses relations avec Gabrielle; car, dans une lettre datée du 26 juin 1593, Henri IV écrit à sa maîtresse : *Je suis très ayse que vous soyés bien avec vostre père ; vous ne me reprocherés plus qu'il vous veuille mal à mon occasion.*

Quoi qu'il en soit, Gabrielle d'Estrées fut mariée pour la forme, disent les historiens, en 1591, à Nicolas d'Amerval, seigneur de Liancourt; mais le mariage fut cassé, en 1594, pour cause d'impuissance. A la cour, on ne désignait M^me d'Amerval que sous le nom de *madame Gabrielle.* Vers la fin de 1595, elle prit le titre de marquise de Monceaux. Le 10 juillet 1597, elle fut faite duchesse de Beaufort, et mourut empoisonnée, le 10 avril 1599, laissant au roi trois enfants : César, duc de Vendôme; Catherine-Henriette, légitimée de France, depuis duchesse d'Elbeuf, et Alexandre de Vendôme, grand-prieur de France.

Les historiens s'accordent à dire que Gabrielle exhorta beaucoup Henri IV à se convertir. On a prétendu que sa conversion n'était pas sincère, parce qu'il avait écrit, le 23 juillet 1593, avant-veille de son abjuration : *Ce sera dimanche que je fairay le sault périlleux.* Mais on a souvent oublié la vivacité d'esprit de Henri IV, et nous croyons qu'on s'est souvent trompé en jugeant ses sentiments intimes d'après les saillies qu'il laissait échapper. Si la conversion du roi n'eût été qu'un acte d'hypocrisie, il n'eût pas pris la peine de réunir des prélats et des docteurs pour conférer avec eux sur plusieurs points

10

touchant lesquels il désirait être éclairé; d'ailleurs il
déclare lui-même qu'il voulait se convertir depuis
longtemps, et que sa conversion a été *bien des fois
interrompue par les artifices de ses ennemys.*

Nous ne saurions dire si Gabrielle habitait ordinairement Tourpes; nous ne le pensons pas, mais nous
croyons qu'elle y vint plus d'une fois pendant que le bon
Henri était harcelé par l'armée du duc de Mayenne. Il
semble d'ailleurs qu'il soit venu souvent à Arques : or,
la distance d'Arques à *Tourpes* n'était pas difficile à
franchir pour le Béarnais, lui qui, au dire du pape
Sixte-Quint, passait moins de temps au lit que le duc de
Mayenne n'en passait à table.

On assure qu'une nuit, pendant que l'armée du duc
de Mayenne se livrait au repos, Henri IV traversa le
camp ennemi pour venir visiter la belle Gabrielle; mais,
comme c'était la première fois qu'il venait à *Tourpes,* et
ne sachant par quel endroit aborder, il fit demander à
la dame châtelaine par où l'on entrait pour parvenir
jusqu'à elle : — Par l'église! répondit-elle, en faisant
abaisser le pont-levis. C'était un mot à double sens,
adressé au Béarnais, qui alors était huguenot et n'avait
pas encore voulu se convertir à la religion catholique.

Nous avons su, par une personne qui tenait ces
détails de la bouche d'un vieillard, petit-fils du domestique qui recevait le cheval du visiteur, que c'était
ordinairement pendant la nuit que Henri venait à
Tourpes. Il avait l'habitude de se déguiser en marchand
de bœufs; mais il était toujours pourvu d'une bonne
monture et bien armé. Souvent il annonçait son arrivée

par un cri particulier qu'il faisait entendre ; il prononçait le mot d'ordre, et la porte s'ouvrait. Alors il remettait son cheval à un domestique, en lui frappant familièrement sur l'épaule, et il était introduit.

Nous ne quitterons pas Tourpes sans rappeler que celui qui, selon ses propres expressions, *maria la France avec la paix*, était non-seulement protecteur des lettres, mais encore qu'il les cultiva lui-même. A onze ans, il avait traduit les cinq premiers livres des *Commentaires de César*, et il commençait à rédiger ses *Mémoires* quand il fut assassiné. On a aussi de Henri IV plusieurs morceaux de poésie, entre autres une chanson commençant par ces mots : *Charmante Gabrielle*, etc., qui fut composée en 1596, et que nous avons lue dans les publications de M. Le Roux de Lincy.

# BURETTE.

—

Ce hameau, qui n'est séparé de Bures que par la rivière, formait autrefois une paroisse distincte. En 1242, Nicolas Torte, de la paroisse de Saint-Ouen de Burette, vendit un terrain situé auprès du grand chemin qui conduisait de la cour de Bures à la forêt d'Eawy, *situm inter terram domini Petri de Buris militis et magnam viam que vadit a curia de Buris apud forestam Dauvi*. En 1249, Robert dit *Belet* vendit également une pièce de terre sise aux *Londes*, sur le territoire de Burette, *in territorio de Buretes apud Londinas*.

En diverses circonstances il s'éleva des discussions entre les deux paroisses, et l'église de Burette finit par ne plus être considérée que comme *aide à celle de Bures*; ce qui fit qu'elle n'eut pas de registres particuliers pour les actes religieux, à partir de 1672 jusqu'à 1741. Alors les habitants commencèrent à reprendre une existence à part et nommèrent un trésorier pour veiller à l'entretien de leur église, qui se trouvait dans un grand délabrement. En 1742, les quêtes, l'herbe du cimetière, les pommes, les gerbes de bled *aumosnées* et les rentes (1), produisirent 46 *livres* 9 *sous.* Avec de telles ressources, il n'était pas aisé d'entreprendre de grands travaux de restauration. Aussi, en 1746, voyons-nous le trésorier autorisé à faire consolider la charpente d'' clocher et de la nef *qui menacent ruine ;* ce qui n'empêche pas le vicaire général Sehier d'ordonner, le 29 juillet 1750, de nouvelles mesures de consolidation.

Cependant, les habitants de Burette, reconnaissant qu'ils allaient dépenser leur argent inutilement, se réunirent *en commun* et conclurent un marché avec Mathieu Drouet, entrepreneur, qui s'engageait à reconstruire la nef et le clocher, moyennant 2,100 *livres.* Le travail devait être terminé en 1759, et payé sur les fonds de l'église et à l'aide d'une imposition sur tous les propriétaires, fixée *en leur âme et conscience* par une commision de quatre membres nommés à la pluralité des voix. Mais il paraît qu'on ne se contenta pas de reconstruire la nef et le clocher, car nous avons trouvé, aux archives de la préfecture, une pièce de laquelle il ressort que, le mercredi 9 novembre 1763, Pierre-Etienne du Bois, curé de Notre-Dame de Neufchâtel, fut député par l'archevêque pour bénir l'église de Burette *nouvellement réédifiée dans son entier.*

Le 2 octobre 1774, eut lieu une réunion *en commun,*

---

(1) Au nombre de ces rentes figure celle de *xxx sous* pour loyer d'une pièce de terre, sise aux *Glinettes,* qui fut fieffée à Claude Le Noble, sieur du Fengueray, en 1654.

dans laquelle on demanda l'établissement de fonts baptismaux, d'un tabernacle, d'un confessionnal et d'une sacristie; mais l'autorisation ne fut accordée que pour les fonts, à cause des grandes eaux qui interceptaient fréquemment les communications entre Bures et Burette.

Il y avait, dans le cimetière de Burette, une magnifique croix en grès. On reconnaît, le 11 juin 1775, la nécessité de faire raccommoder solidement cette croix, qui *par sa beauté mérite d'être conservée et menace ruine*. C'est le pied de la croix de Burette qui supporte aujourd'hui le calvaire placé devant l'école de Bures. On lit sur la base : L'AN MVCCXLVII (1547) FVST RÉPARÉE CESTE †. M : R : P : T.

Malgré tous ses sacrifices pour son église, la section de Burette ne jouit pas longtemps de la tranquillité. L'abbé Bellami, curé de la deuxième portion de Bures, refusa de venir célébrer la messe paroissiale en 1776. Alors il fut arrêté qu'on ne présenterait le pain à bénir que tous les quinze jours, quand l'abbé Langlois, curé de la première portion, viendrait dire la messe. Cependant, on ne s'en tint pas là. Les habitants de Burette se cotisèrent pour faire face aux frais de poursuites, et ils obtinrent un jugement contre le récalcitrant, au bailliage d'Arques. L'entêté curé fit appel devant le parlement de Rouen ; mais il ne fut pas plus heureux, et il dut rembourser aux habitants de Burette la somme de 937 *livres* 4 *sous* 9 *deniers*, en dédommagement des avances faites par eux pour le poursuivre. A partir de là, l'abbé Bellami revint dire une basse messe à son tour dans l'église de Burette, les dimanches et fêtes. Il n'y avait de messe chantée que deux fois chaque année : le jour de la fête du patron et le dimanche dans l'octave (1).

Quoiqu'il n'y eut pas de registres spéciaux pour l'église de Burette, cela n'empêchait pas d'y faire les baptêmes, les mariages et les inhumations des habitants de la section, qui pouvaient également y remplir le devoir de la pâque.

Il y avait, dans l'église de Burette, trois autels sous le vocable de saint Barthélemi, de la sainte Vierge et de sainte Marguerite. On y célébra encore une première messe, le dimanche, pendant peu de temps, après la révolution de 1793 ; mais il ne paraît pas qu'on y ait fait aucun mariage, administré le baptême, ni inhumé dans le cimetière. Au reste, le clergé n'a recommencé à célébrer publiquement les mariages et faire les inhumations qu'à la suite du concordat.

La pauvre petite église, qui avait été reconstruite en 1763, et qui avait servi de salpêtrière au temps de la République, fut donc peu à peu abandonnée et finit par être vendue, en 1816, à M. Gabriel Simon, pour le prix de 1,600 francs, y compris le sol sur lequel elle était édifiée, ainsi que le cimetière ! Elle était située à droite, à trente ou quarante mètres du coude de la route qui conduit à la ferme de M. du Feugueray (2), à la place occupée aujourd'hui par une petite chaumière.

(1) Au xiii° siècle, le patron était saint Ouen ; mais, dans les derniers temps, on lui avait substitué saint Barthélemi.

(2) Le corps de logis de cette ferme est une ancienne gentilhommière, bâtie vers 1620 par l'un des ancêtres du propriétaire actuel.

# LE MESNIL-AUX-MOINES.

—

C'est ainsi qu'on désigna, jusqu'à la fin du siècle dernier, la commune qui porte aujourd'hui le nom de *Mesnil-Follemprise*. On avait ainsi nommé ce village à cause de sa dépendance de Bures, dont la seigneurie appartenait aux *moines* de N.-D.-du-Pré; son nom actuel lui vient de la réunion d'un autre village au moment de son érection en commune.

Jusqu'au milieu du XVI<sup>e</sup> siècle, les habitants du Mesnil furent obligés de venir à l'église de Bures pour remplir leurs devoirs religieux; mais un contrat du 16 décembre 1556 nous fait connaître que, en cette année, une église fut *construite et donnée par maistre Jean Dubucq, vivant curé de Quiquebœuf (Quillebeuf) pour faciliter aux habitants leurs dévotions à cause de la difficulté d'accéder l'église de Bures.*

Nous ne saurions donner la liste de tous les chapelains de cette succursale ; nous savons seulement que le premier fut nommé par le fondateur de l'église. Le 5 octobre 1728, J.-B. Dubucq, *marchand apoticaire en la ville d'Eu*, nomma aussi et présenta à Mgr de Tressan M<sup>re</sup> Guillaume Marcotte, qui devint curé de

Bures en 1739. Plus tard, le droit de présentation change de famille, et, le 5 juin 1784, *messire Marie-François-Joseph-Fortuné de Croutelle, écuyer, sieur du Mesnil, patron de la chapelle de S$^t$-J$^n$-B$^{te}$ du Mesnil-aux-Moines, dans les limites de la paroisse de Bures, demeurant aux Boquets, paroisse de Maintru, nomme et présente comme chapelain Jacques-Antoine Bessin, vicaire de la paroisse de Londinières, en remplacement de Charles-Adrien Vincent, démissionnaire.*

L'église du Mesnil renferme quelques restes d'anciens vitraux, dans lesquels on trouve un des rares exemples du Saint-Esprit représenté sous *forme humaine.*

En reconnaissance de la paroisse de Bures *comme matrice,* Mgr Rouxel de Medavy, qui fut archevêque de Rouen de 1671 à 1691, publia une ordonnance en vertu de laquelle le chapelain du Mesnil devait venir en procession à l'église de Bures le jour de saint Agnan et de la Dédicace. Ce témoignage de dépendance n'était pas toujours donné de bonne grâce, et nous voyons l'abbé Stallin, curé de Bures, demander le changement du chapelain Joly, qui refusait *cette marque de soumission.* En 1711, ce chapelain avait vendu à la fabrique de l'église de Mesnières une rente de *huit livres* pour un capital de *cent douze livres.*

En 1663, *par suite de contestations et de scandales,* l'archevêque François II de Harlay défendit de faire en l'église du Mesnil : *eau beniste, pain bénist, processions, et y dire vespres.* Mais les habitants s'amendèrent, et, sur la représentation que ce hameau renfermait *plus de 70 feux et 350 communiants,* l'archevêque semble avoir levé la défense. Le 26 mars 1667, il permit même d'établir en cette chapelle un tabernacle et des fonts baptismaux. Le prélat date l'autorisation de *sa* ville archiépiscopale de Dieppe ; ce qui nous rappelle l'époque à laquelle Richard-Cœur-de-Lion concéda à Gautier de Coutances, archevêque de Rouen (1196), la ville et seigneurie de Dieppe, les moulins de Rouen, la terre de Bouteilles, la ville de Louviers et la forêt d'Aliermont, qui a été défrichée plus tard et remplacée par les paroisses de Saint-Nicolas, de Saint-Jacques, de Notre-Dame, de Sainte-Agathe et de Croixdalle.

Les chapelains du Mesnil étaient payés par les deux curés de Bures, *sur les dixmes qu'ils tenoient des gros décimateurs*. Un acte du 30 octobre 1771 nous fait connaître que, à cette époque, ce payement avait lieu *tous les trois mois*.

Le Mesnil est aujourd'hui une commune de l'arrondissement de Dieppe, réunie pour le culte à la paroisse d'Ardouval.

L'église du Mesnil est sous le vocable de saint Jean-Baptiste, et l'on y vient en pèlerinage en l'honneur de saint Onuphre.

# FOLLEMPRISE.

—

Il y avait dans ce hameau, qui dépendait de Bures avant la révolution de 1793, une chapelle appelée communément *Notre-Dame-de-Pitié*, quoique son fondateur, Jean Toussains, docteur en théologie, l'eût fondée en l'honneur de l'*Annonciation de la Sainte-Vierge*. Cette fondation fut approuvée, le 16 février 1538, par l'archevêque Georges d'Amboise II. Dans le principe, la nomination du chapelain appartenait à la famille du fondateur, mais, dans la suite, elle passa aux religieuses du second monastère de la *Visitation* de Rouen, comme propriétaires de la ferme sur laquelle se trouvait la chapelle (1). Le 21 décembre 1763, cette chapelle étant sans titulaire, par suite de la démission de Nicolas-François Denel, les dites religieuses se réunirent, *à leur principal parloir*, et nommèrent, pour être présenté à l'archevêque, Dominique de la Rochefoucauld, *discrette personne Jean-Pascal Leboucher, prêtre habitué en la paroisse de Saint-Vivien de Rouen*.

(1) Cette chapelle est aujourd'hui à usage de grange.

Auprès de la chapelle était une maison portant le millésim? de 1632, habitée par plusieurs religieuses du monastère.

La maison, qui sert aujourd'hui d'habitation au fermier, est du xvi° siècle. Les pignons sont taillés en gradins ; une galerie couverte s'avance sur le rez-de-chaussée ; le linteau des cheminées est en bois grossièrement sculpté, et représente des arbres, des loups, un cerf crucifère, un lièvre, une biche, des oiseaux, un piqueur sonnant de la trompe et menant deux chiens en laisse, etc.

Au croisement de la route de Follemprise au Mesnil, avec celle qui conduit de Bures à Ardouval, est un lieu nommé le *Cimetière-des-Huguenots*. Comme il y avait des familles protestantes dans le voisinage, c'est là sans doute que nos frères séparés inhumaient leurs morts.

# LE PRESBYTÈRE.

—

Avant 1793, le presbytère était attenant au cimetière, sur une propriété appartenant actuellement à
M. Dumanoir. Vendu, au moment de la révolution, le
corps de logis fut démoli et réédifié, à Osmoy, sur la
propriété de M<sup>lle</sup> de Crény, où il sert, depuis cette
époque, de maison d'habitation au fermier.

Après la révolution, l'abbé Laboulais desservit la
paroisse pendant trente-quatre ans et habita une maison
dont il était propriétaire, touchant une somme de cent
francs pour indemnité de logement. Cette maison, après
avoir passé en plusieurs mains, appartient aujourd'hui
à M. Turpin.

En 1835, lorsque l'abbé Laboulais cessa l'exercice
de ses fonctions, il continua d'habiter sa maison, de
sorte que, à l'arrivée de son successeur, la commune
n'avait pas de logement à lui offrir. Pendant plusieurs
semaines, il fut obligé de retourner dans sa famille, le
lundi matin, et de revenir, pour l'office du dimanche, le
samedi soir. Il faut avouer que l'administration communale avait donné la preuve d'une grande négligence
en cette circonstance, et que l'autorité ecclésiastique

s'était bien hâtée, en donnant un prêtre à une paroisse qui n'avait pas de maison pour le recevoir.

Quoi qu'il en soit, on finit par louer une partie de maison nouvellement bâtie, dont la distribution n'était même pas faite, ni la cheminée montée. D'énormes pommiers à cidre occupaient la place où plus tard on établit un petit jardin. Enfin, après avoir fait deux chambres dans le grenier, le nouveau curé habita cette maison pendant quatre ans, au bout desquels il loua une habitation beaucoup plus commode. Cette maison, située auprès de celle dont nous venons de parler, appartenait à M. Havet, notaire à Neufchâtel, qui n'avait pas voulu louer à la commune, par suite de la division qui régnait parmi les habitants. Le curé lui payait le loyer (225 francs), et il lui en était tenu compte sur les fonds de la caisse communale.

Sous l'administration de M. Planchon, qui fut nommé maire en 1843, on acheta, en 1854, la maison qui servait de presbytère depuis quatorze ans, moyennant la somme de 7,892 fr., tous frais payés. Puis le gouvernement accorda un secours de 2,000 fr., qui, joint à un autre secours de 600 fr., donné sur les fonds départementaux, forma une somme de 2,600 fr., avec laquelle on fit élever un étage sur le rez-de-chaussée de la maison. A la demande de M. le curé, M. Havet avait consenti à joindre au nouveau presbytère, sans augmentation de prix, un petit coin d'herbage pris sur la propriété voisine qui lui appartenait. De cette manière, on put faire une ouverture sur la petite rue, afin de donner une entrée à cheval et en voiture.

Lorsqu'il fut question d'enclore le petit herbage, M. le curé proposa de faire un mur, afin d'éviter les désagréments qui pourraient se présenter plus tard avec le voisin, si l'on se contentait d'une haie. Cette proposition fut adoptée, et il est certain que celui qui l'a faite ne sera blâmé par aucun de ses successeurs.

En reconnaissance du vote du conseil municipal, M. le curé fit établir à ses frais une grande porte, dans la pensée que l'administration locale ferait disposer la rue de manière à ce qu'on pût arriver en voiture dans le petit herbage du presbytère. Il y comptait d'autant plus, qu'on lui avait remis un titre qui, d'après l'avis d'un homme de loi, en conférait le droit. Malheureusement, M. Planchon donna sa démission de maire en 1857, après avoir fait tout ce qui dépendait de lui pour l'église et le presbytère, et son successeur fut loin de marcher sur ses traces (1).

Lorsque M. le curé lui remit le titre dont nous venons de parler, il s'aperçut qu'il allait se heurter contre un parti pris d'avance de repousser sa demande (2). En

(1) C'est M. Planchon qui a fait relier, à ses frais, tous les volumes du *Bulletin des lois*, les circulaires, les registres et archives de la mairie.

(2) Ceux de nos lecteurs qui sont étrangers à la localité sont invités à ne pas poursuivre la lecture de ce paragraphe, qui ne saurait leur offrir aucun intérêt. Nous le publions uniquement pour l'édification de ceux des habitants de Bures et des environs qui ont pu entendre dire que l'abbé Decorde avait demandé, *sans motif*, a partir d'une paroisse dans laquelle il était très-aimé. Hélas ! lui aussi aimait cette paroisse, dans laquelle il n'a jamais cherché à faire que le bien, et il n'eût pas attendu si longtemps pour la quitter, s'il eût eu moins d'affection pour les habitants.

effet, on traîna en lenteur pendant plusieurs années ; on fit semblant de craindre de l'opposition ; on dit hautement qu'on redoutait un procès imaginaire ; on se livra à des manœuvres qu'il est inutile de relater ici ! Cependant, comme il s'agissait d'une chose utile et avantageuse à ses successeurs, M. le curé renouvela sa demande. Le conseil municipal lui répondit, par une lettre datée du 12 mai 1865, que, *après avoir entendu le rapport de l'agent-voyer en chef,* on était D'ACCORD POUR NE PAS FAIRE DROIT à cette demande.

Le sous-préfet avait, en effet, écrit que l'agent-voyer s'était *rendu sur les lieux,* et qu'*il n'avait pas rencontré M. le curé.* Or, au jour indiqué dans la lettre du sous-préfet, M. l'agent-voyer ne s'était pas présenté au presbytère, et M. le curé n'a jamais été informé de sa venue,..... s'il est venu.

Alors M. le curé fit connaître cet état de choses à la préfecture et à l'archevêché, afin qu'on ne pût pas l'accuser plus tard de ne point avoir signalé le mauvais vouloir des administrateurs de la commune relativement à un travail qui ne pouvait que donner plus de prix à la propriété communale et plus de commodités à ceux qui devaient en jouir. Cette démarche de M. le curé provoqua une nouvelle réunion du conseil municipal, le 2 juin 1865, dans laquelle on dit qu'on ne voulait pas engager la commune dans un *procès onéreux ;* que M. le curé demandait à *exproprier des bâtiments ;* que, *comme preuve de bon vouloir,* on lui accordait 150 fr., *en cas de succès,* s'il voulait entreprendre, *à ses risques et périls, les démarches et dépenses nécessaires.* M. le curé écrivit à M. le maire pour le remercier de cette *preuve de bon vouloir*, en lui disant qu'il n'avait pas qualité pour s'occuper de l'administration municipale. En même temps, il le pria de lui remettre le titre relatif à cette affaire, qu'il lui avait confié, et de lui indiquer le jour et l'heure où il pourrait se présenter à la mairie, afin de prendre communication des délibérations concernant l'affaire en litige (1). M. le maire refusa tout, et ne fit même pas à son curé l'honneur de lui répondre! Les choses en restèrent là, et M. le curé ne s'en occupa plus. Il avait péniblement rempli son devoir, et il était à l'abri de tout reproche de la part de ses successeurs.

Peu de temps après le refus du conseil municipal de faire droit à la demande de M. le curé, l'un des opposants acheta une propriété à laquelle il conçut l'idée de donner accès, en voiture, par la petite rue qui conduit à l'herbage du presbytère. Alors tous les obstacles tombèrent comme par enchantement, et la ruelle fut élargie sans qu'il en coûtât beaucoup plus de 25 francs à la caisse communale (2). Dans le principe, M. le curé avait proposé de contribuer pour 50 francs à cette dépense, dont on avait fait un épouvantail !

L'élargissement de cette rue ne fut pas le seul objet

(1) Tout contribuable a le droit de prendre communication, sans déplacement, du registre des délibérations du conseil municipal, avec copie, s'il y a lieu *(Arrêt du Conseil d'État. — Loi du 18 juillet 1837)*.

(2) Le projet d'ouverture sur la petite rue ne fut pas réalisé, pour une raison que nous ne pouvons faire connaître; mais il n'en est pas moins vrai que ce projet n'a pas été étranger à l'élargissement.

qui procura au nouveau maire l'occasion d'exercer son *bon vouloir*, doublé de négligence et d'apathie. Après la construction d'un étage sur le presbytère, on avait promis de mettre des persiennes aux quatre fenêtres les plus exposées au midi, afin de rendre les chambres plus habitables et de préserver les rideaux et les lits des atteintes du soleil. On en plaça d'abord à une fenêtre. Dix-huit mois plus tard, une deuxième fenêtre en fut garnie, et l'on s'en tint là. On avait dépensé 48 francs!

Contrarié de cette lésinerie, M. le curé fit boucher les deux autres fenêtres, au moyen de planches clouées extérieurement, dans la pensée de conserver ses meubles et d'amener M. le maire à faire placer les deux autres persiennes. Au bout de deux ans, tout était encore dans le même état. Alors M. le curé adressa à la préfecture une réclamation pour être déchargé de l'impôt de ces deux fenêtres. Aussitôt on écrivit au maire, qui répondit qu'on garnirait prochainement de persiennes ces deux ouvertures, qui n'avaient été supprimées que provisoirement. Basé sur ce renseignement, le conseil de préfecture décida que les fenêtres n'avaient pas cessé d'être imposables,........ et les deux persiennes furent placées.

Autre tracasserie! Devant le presbytère, il y avait un terrain inculte, couvert de chardons, d'orties et d'autres mauvaises herbes. M. le préfet, à la demande de M. le curé, accorda une somme de 300 francs sur les fonds départementaux, afin de faire niveler et enclore convenablement ce terrain, de manière à ce que le logement du prêtre fût isolé de la rue. M. le maire ne fit pas exécuter le travail en temps opportun, et les 300 francs ne

purent entrer dans la caisse municipale. M. le curé fit
une nouvelle demande, et M. le maire attendit encore
près d'un an avant d'employer la somme allouée en
second lieu (1).

Fatigué de rencontrer tant de mauvaise volonté, en
récompense de tout ce qu'il avait fait pour le bonheur
du pays où il avait débuté dans la carrière sacerdotale
et où il aurait voulu mourir, M. le curé résolut de partir.
Cependant, avant de demander son changement, il tenta
un dernier effort. Par suite de la négligence de M. le
maire, il était urgent de faire divers travaux au presbytère, les uns très-utiles, les autres tout-à-fait nécessaires.
Le 10 janvier 1868, le conseil municipal fut informé que,
si l'on se refusait à faire telles et telles réparations
urgentes, M. le curé laisserait à un successeur plus
heureux la chance d'être mieux secondé. On reconnut
que toutes les demandes étaient justes ; on vota 500 fr.
pour y faire droit ; on s'engagea à faire exécuter les
travaux immédiatement, excepté la maçonnerie, qu'on ne
pourrait *guère commencer avant le mois de mai* ; on
nomma trois délégués pour activer le travail ;..... mais
oyez !

En tête de ces trois délégués, était M. le maire, le seul
qui se soit occupé de l'exécution de la délibération. C'est
tout dire ! Il se conduisit de manière à faire croire qu'il

---

(1) A la demande de M. le curé, une somme de 100 fr. fut également
accordée pour concourir aux frais d'établissement d'une pompe. M. le
préfet mit aussi à sa disposition 150 fr. pour faire faire un pressoir; on
dépensa 157 fr., et, sur le refus de M. le maire de solder l'excédant, les
7 fr. durent être payés à l'ouvrier par M. le curé.

voulait obtenir le moins de travail possible avec la somme dont il avait l'emploi. Au lieu de mettre les ouvriers à l'œuvre au mois de mai, il attendit les mois d'OCTOBRE 1868 et 1869 : le prix des journées est le même, mais l'on fait beaucoup moins de besogne ; puis, aucun contrôle du travail ! point de solidité ! et c'est toujours à recommencer (1). Si encore on avait fait tout ce qui avait été promis ; mais non ! et ce qu'on a laissé de côté, c'est présisément ce que désirait surtout M. le curé (2).

En résumé, on s'était engagé par écrit à faire des travaux au mois de mai 1868, et ils n'étaient pas encore faits au mois d'août 1870. C'est ce qui a contribué à la détermination prise par M. le curé de demander son

(1) C'est ainsi qu'un travail en ciment, sur toute la longueur de la muraille du presbytère, exécuté vers la fin d'octobre 1839, était à recommencer au printemps 1870. Il est vrai que M. le maire dit que les ouvriers ne viennent pas quand il les demande ; mais, ce qu'il ne dit pas, c'est que plus d'une fois ils sont venus et ont été obligés de repartir, parce qu'ils ne trouvaient pas de matériaux pour leur travail ; puis, on leur a parfois fait attendre le payement pendant un ou deux ans, quoique les fonds fussent disponibles.

(2) Au reste, si M. le maire n'a pas fait ce qu'on l'avait chargé de faire, il n'a pas à se reprocher d'avoir entrepris quoi que ce soit en dehors de son mandat, pour être agréable à l'hôte du presbytère. Le plafond d'un petit salon devait être peint à la colle ; M. le curé témoigna le désir qu'on fît une peinture à l'huile avec vernis, afin de pouvoir y passer l'éponge au besoin pour enlever les traces de la fumée. La différence de prix était de 9 francs. Le maire dit qu'il ne payerait pas cette différence. On fit néanmoins le travail ; mais les 9 fr. furent payés à l'ouvrier par M. le curé. Il y avait pourtant des fonds spéciaux, votés pour le presbytère ; il y avait d'ailleurs au budget communal un article pour dépenses imprévues ; peut-être même existait-il encore d'autres petites ressources ; mais..... on les

changement de paroisse. Toutefois, *le seul* motif allégué
par lui fut tout autre.

Il fallut peu de temps à M. le curé pour s'apercevoir
du changement survenu dans la police locale à la suite
de l'entrée en fonctions du nouveau maire. La principale
cause du désordre se trouvait dans la liberté illimitée
dont jouissaient les cafetiers à tout point de vue (1). Des

employait à autre chose, ou bien on les réservait pour d'autres temps (A).
Cependant, il semble que la commune eût pu faire le sacrifice de NEUF FRANCS
en faveur de son curé, lui qui avait fait tant de démarches, de voyages et
de dépenses, afin d'obtenir des secours de tous côtés pour la restauration
de l'église, ainsi que pour l'appropriation du presbytère. Qu'il nous soit
permis de relater ici quelques lignes d'une lettre de M. Corneille père,
député au Corps législatif, dans laquelle il annonçait au curé de Bures
qu'un secours de 2,000 francs venait d'être accordé. « Votre commune
reçoit une faveur que les habitants ne doivent attribuer qu'au mérite du
prêtre qui l'occupe et à ses écrits. C'est une vérité que je dois faire connaître et qui doit être connue de la population, afin de l'engager à s'imposer un dernier sacrifice pour le presbytère. La souscription de M. l'abbé
Decorde est réellement de 1,000 francs. Si un autre prêtre avait été à sa
place, la commune n'aurait obtenu que 1,000 francs, au lieu de 2,000...»
Nous n'avons pas la pensée, Dieu merci! de citer ce passage par amour-
propre, mais uniquement comme pièce à l'appui de nos affirmations.

(1) Nous avons dit ailleurs : « L'usage des cafés et des cabarets est
passé dans nos mœurs ; il ne s'agit pas de les supprimer, mais de les
réglementer. Alors le maître de maison, le cultivateur n'entendra plus
ses domestiques lui répondre insolemment à leur retour de la taverne, et
refuser l'obéissance qu'ils lui doivent. Alors on ne rencontrera plus des
êtres doués de raison se vautrant dans la fange de la voie publique, et

(A) Il paraît que, après le départ de l'abbé Decorde, M. le maire a eu la surprise de
découvrir, dans la caisse communale, une somme de 200 francs, destinée aux travaux du
presbytère, qui se trouvait là ON NE SAIT COMMENT (peut-être un effet de la génération
spontanée!). Aussi, en quelques mois, a-t-on fait au presbytère des dépenses beaucoup
plus considérables que celles qui avaient été demandées par l'ancien curé de la paroisse.

rixes scandaleuses ayant eu lieu en diverses circonstances, et notamment dans une nuit d'assemblée du village, M. le curé pria M. le maire de porter remède à toutes ces orgies, en faisant approuver un règlement destiné à ramener le bon ordre. Le règlement fut rédigé et soumis à l'approbation de M. le préfet. Le maire promit de le faire afficher dans tous les cafés et d'en assurer l'exécu-

provoquant les égaudissements de l'enfance, en même temps que le dégoût des personnes sensées. Alors la pauvre mère de famille n'attendra plus en tremblant le retour d'un mari transformé en brute par ses libations alcooliques, et les oreilles des voisins ne seront plus attristées par le bruit des blasphèmes et des imprécations qui chaque dimanche trouble leur repos. Alors les petits enfants ne se voileront plus la face en pleurant, à la vue de leur père qui les maltraite, après avoir dépensé en orgies l'argent destiné à leur procurer un morceau de pain. Alors on ne verra plus tant de jeunes gens s'attabler au cabaret et se livrer à l'enseignement mutuel de la débauche et de la résistance aux volontés paternelles, au lieu d'aller à l'église, où l'on prêche le respect de soi-même et des autres......

» Nous le répétons, nous ne demandons pas la suppression des cafés et cabarets ; mais qu'ils soient soumis aux lois et règlements de l'autorité supérieure ; mais qu'on n'aille pas y prendre des leçons de désordre et d'immoralité ; mais qu'on n'y empoisonne pas la santé publique par le débit de boissons délétères ; mais que les hommes calmes puissent s'y rencontrer paisiblement et en sortir sans déshonneur ; mais qu'on ne soit pas abasourdi à chaque instant par les cris et les chants de ceux qui les fréquentent. En un mot, nous demandons qu'on trouve dans ces établissements un lieu de réunion décemment tenu, où le commis de bureau, qui n'a pas son *chez soi*, puisse aller lire les journaux ; où les amis, qui se rencontrent par hasard, puissent converser pendant quelques instants ; où les hommes d'affaires puissent tranquillement s'occuper de leur commerce. Encore une fois, voilà ce que nous demandons, et nous sommes assuré de ne pas avoir à craindre le blâme des honnêtes gens, quelle que soit leur position sociale ; si l'approbation des autres nous fait défaut, nous saurons nous en consoler. »

tion ; mais ce règlement n'a jamais été publié, et dort tranquillement dans le tiroir du magistrat municipal. Aussi, tous les piliers de cabaret disent-ils que M. le maire est un *bon homme*, et ils s'en souviennent au moment des élections..... C'est à la pensée des désordres qui résultent nécessairement de ce laisser-faire que M. le curé a demandé à changer de paroisse, afin de ne pas voir s'évanouir totalement sous ses yeux le peu de bien si péniblement obtenu pendant trente-quatre ans et neuf mois de ministère.

La multiplicité illimitée des cabarets a fait dire au cardinal-archevêque de Rouen, dans son *Mandement* pour le carême de 1871 : « Nos moindres villages ont dû subir cette invasion des cabarets, où l'homme des champs et l'ouvrier des manufactures abrutissent leur raison, perdent toute notion de Dieu et engloutissent le salaire qui devrait faire vivre leurs familles. »

Dans la *Note* présentée à M. Gambetta par le *Comité central de défense de la Seine-Inférieure*, dont les membres ne sauraient être soupçonnés de BIGOTERIE, il est dit qu'on construira des baraquements pour les mobiles et les mobilisés, où ILS SERONT LOGÉS AUSSI LOIN QUE POSSIBLE DES DISSOLVANTES INFLUENCES DES CABARETS DE VILLAGE (Brochure intitulée : *Comment Rouen n'a pas été défendu*, par M. Raoul DUVAL). Pourquoi a-t-on voulu que les baraquements des soldats fussent éloignés des cabarets ? C'est parce qu'il a été démontré que la fréquentation de ces lieux faisait disparaître le respect, l'autorité, la discipline, l'obéissance si nécessaires dans l'armée pour combattre avec gloire et avantage. Aussi, à la suite des désastres de notre dernière guerre, a-t-on reconnu la nécessité de réprimer le débordement qui avait multiplié les cabarets sous le règne de Napoléon III (1). Mais, comme l'a dit un publiciste : « Ce n'est pas en décrétant la mise en vigueur des règlements qu'on arrêtera le mal, mais bien en les appliquant rigoureusement, sans faiblesse, avec cette ténacité que doit inspirer le mal qui nous ronge. Pour cela, il faut des agents honnêtes, *sobres*, dévoués, inflexibles devant les tentatives de séductions qui leur viennent des *parties intéressées*.

» Il faut que l'ivresse soit un délit passible des tribunaux. Il faut poursuivre, *flétrir*, traquer d'une manière implacable les abreuvants et abreuvés. Si l'on ne parvient à extirper le vice invétéré chez les vieux ivrognes, on enrayera du moins et une bonne fois les ivrognes de l'avenir. — *(Courrier du Havre.)* »

(1) Malgré les résolutions prises, nous ne croyons pas que le nombre des cabarets ait beaucoup diminué. D'après une statistique officielle, publiée au commencement de 1872, le nombre des débits de boissons, qui était de 282,000 en 1830, est aujourd'hui de 373,000!!! ce qui donne en moyenne un cabaret par 102 à 103 habitants.

# L'ÉCOLE.

—

Aux siècles passés, les paroisses ne possédaient pas ordinairement de maison d'école, comme l'usage en est devenu général de nos jours. Le plus souvent, dans les campagnes, c'était le vicaire de la paroisse qui était chargé de donner l'instruction primaire aux enfants, moyennant une légère rétribution, et il se casait comme il pouvait pour les réunir. En 1235, Pierre de Collemieu, archevêque de Rouen, recommandait déjà à ses prêtres d'avertir leurs paroissiens, afin qu'ils fissent instruire leurs enfants avec soin, en les envoyant plus exactement aux classes : *Ut filios instrui faciant diligenter et scholas frequentiùs frequentare.*

Cependant, il y avait aussi des instituteurs laïques. Un acte du 17 février 1780 nous donne le détail du traitement fourni au maître d'école de Bures : 60 *livres* du trésorier de l'église; 50 *l.* du seigneur haut-justicier; le produit du cimetière, estimé 30 *l.*; 40 *l.* des habitants; le casuel des curés, produisant à peu près 80 *l.*; lesquelles sommes, jointes aux écolages des enfants et aux petits présents, se montaient à près de 300 *livres*; ce qui rendait la position du maître d'école de Bures, est-il dit dans le document où nous puisons ces renseignements, *la plus gracieuse de tout le canton.*

Il y a déjà longtemps que, même dans nos villages, les enfants des deux sexes ne fréquentaient pas toujours la même école. Nous en trouvons la preuve dans une réclamation des curés de Bures, qui se plaignent, vers 1700, de ce que *les filles vont à l'école avec les garçons.* En 1715, le 4e canon d'un synode de Rouen recommande aux curés de veiller à ce que les enfants des deux sexes ne soient pas admis dans la même école, mais que les garçons soient instruits par des hommes de bonne renommée, et les filles par de pieuses femmes : *Pueros à viris bonæ famæ et puellas à piis feminis instrui curent.*

Quoi qu'il en soit, pendant de longues années, la commune de Bures fut sans école communale. Cependant, ce n'était pas faute d'instituteurs : on en vit jusqu'à *trois* en exercice (1)! La désunion était telle dans le pays, que chaque parti voulait avoir un maître d'école à sa disposition. De plus, il est à noter que, de même que les ouvriers d'un bord ne devaient jamais accepter de travail chez les maîtres de l'autre, de même aussi il était interdit aux élèves d'une école d'avoir aucunes relations avec ceux de l'autre : on entait la haine paternelle dans le cœur de ces pauvres petits enfants, naturellement portés à s'aimer et à se livrer aux mêmes jeux.

_____

(1) Pendant longtemps, la population de Bures fut divisée en deux partis, les *Noirs* et les *Blancs*, qui avaient chacun un instituteur ; le troisième faisait une classe d'adultes, le soir, sans doute pour les *Gris.*

Les trois maîtres ayant quitté la commune, à la suite
de l'arrivée d'un nouveau curé, en 1836, il en vint un
autre auquel on finit par envoyer les enfants de chaque
parti, et une maison d'école fut bâtie en 1838. On
dépensa à cette construction 6,200 francs, y compris un
secours de 2,000 francs fourni par le gouvernement et
le département. Ce fut seulement en 1867 que la commune consacra une somme de 360 fr. pour l'établissement d'un puits, afin que l'instituteur ne fût pas obligé
d'aller puiser de l'eau chez les voisins.

D'après un ancien usage, l'instituteur communal de
Bures va, le samedi saint, porter du pain bénit à domicile et reçoit, en échange, des œufs ou une petite somme
d'argent de chaque habitant (1). Autrefois, il portait
également de l'eau bénite nouvelle, pour asperger
chaque domicile ; mais cet usage a cessé il y a vingt-
cinq à trente ans.

Dans cette commune, le maître d'école fait aussi une
quête de pommes à cidre vers la fin de l'année ; usage
qui existe également dans quelques communes voisines.

---

(1) Autrefois, il portait des pains azimes connus sous le nom de *pains
à chanter ;* mais, depuis l'introduction de la liturgie romaine (1861), « il
est défendu de distribuer des pains ayant quelque ressemblance avec
ceux qui servent au saint sacrifice de la messe. »

# STATISTIQUE.

—

Nous terminerons par quelques détails de statistique :

## NOMS DE LIEU, MAISONS, POPULATION.

| | Maisons | Habitants | | Maisons | Habitants |
|---|---|---|---|---|---|
| Le Bourg, | 55 | 140 | Le Bas-Bray, | 2 | 11 |
| Durette. | 23 | 92 | Le Haut-Bray, | 2 | 8 |
| Le Chaos, | 38 | 99 | Tourpes, | 1 | 10 |
| Le Valiquet, | 15 | 60 | Locus, | 1 | 3 |

## BESTIAUX.

| | | | | |
|---|---|---|---|---|
| Etalons.............. | 3. | Taureaux........... | 5. |
| Chevaux hongres.... | 15. | Bœufs (1).......... | 18. |
| Juments............. | 78. | Vaches............. | 280. |
| Poulains............ | 8. | Génisses........... | 87. |
| Anes................ | 3. | Moutons........... | 671. |
| Mulets.............. | 2. | Porcs (2)........... | .... |

(1) Ce nombre est incomplet, attendu que le dénombrement a été fait avant que les bouveries fussent garnies de bétail.

(2) Il en existe un assez grand nombre, mais nous n'avons pu en connaître le chiffre ; approximativement 150 à 2  0, comme terme moyen.

## SUPERFICIE DU SOL.

| | hect. | a. | c. | | hect. | a. | c. |
|---|---|---|---|---|---|---|---|
| Eglise et cimetière | — | 27 | — | Bois | 99 | 37 | 10 |
| Chemins et places. | 13 | 38 | 40 | Friches | 52 | 24 | 80 |
| Rivière et ruisseaux. | 4 | 48 | 40 | Jardins | 3 | 89 | 80 |
| Terres labourables | 678 | 17 | 85 | Pépinières | — | 23 | 50 |
| Herbages | 208 | 35 | 30 | Mares et fontaines. | — | 10 | 90 |
| Prairies | 34 | 40 | 40 | Propriétés bâties.. | 3 | 91 | 60 |

## TERRES & BOIS.

Les Londres.
Le Fond-Marga.
Les Charbonnières.
Le Fond-des-Haches.
Les Malies.
Les Bohues.
Le Fond-des-Prieux.
Le Pré-aux-Bœufs.
Le Trou-aux-Loups.
Tous-Vents.
Le Valiquet.
Les Miclons.
Coq-Fan.
Le Gardinet.
Les Landres.
Les Bugares.
Le Val-Saint-Martin.
Tourpes.

Le Mont-à-la-Vigne.
Le Grèle-Val.
Le Val-Maurice.
Le Val-à-la-Dame.
Les Côtes-de-Bures.
Le Grand-Rideau.
Les Plaines-de-Bures.
Les Bergeries.
La Terre-de-Bray.
Les Petits-Prés.
Les Fortes-Terres.
Le Bas-Bray.
Le Haut-Bray.
Le Taion-de-Gargantua.
Loquois.
Locus.
Le Clos-Louiset.

# ROUTES, CHEMINS, RUES & SENTES.

Route de Dieppe, n° 1er.
— de Saint-Saens, n° 12.
Grande-Rue.
Rue Saint-Ouen.
— du Bœuf (supprimée).
— du Chaos.
— Belle-Florence.
— Neuve.
— St Germain-de-Bordeaux.
Chemin de Fresles.
— de Sainte-Agathe.
— de Bailleul.
— de la Verrerie.
— des Falaises.
— d'Arquet.
— du Valiquet.

Chemin de Rue-en-Rue.
— du Mont-à-la-Vigne.
— du Mesnil.
— du Bois de Locus.
— de Bellencombre (supprimé).
— de Tourpes.
— du Bas-Bray.
— de la Pelote.
— du Val-Maurice.
Ruelle Fizet.
Sente de Saint-Valery.
— de la Fontaine-d'Orient.
— du Talon-de-Gargantua.
— de Fresles.
— de Bures à Neufchâtel.
Vide du moulin.

# TABLE DES MATIÈRES.

—

# LISTE

DES

# SOUSCRIPTEURS.

— ◆◆◆◆ —

MM.

*Anonyme.*

ADAM (M⁻ᵉ veuve Frédéric), cultivatrice à Saint-Martin-l'Hortier.

ALEXANDRE (Félix), rentier aux Ventes-Saint-Remy.

ALLARD-LEROUX, libraire à Eu.

ANDASSE (Mˡˡᵉ Maria), à Osmoy-Sᵗ-Valery-sous-Bures.

ANSSELIN, institut. à Bures.

ASSEGOND (Gustave), garçon boucher à Bully.

AUBERT, cultivateur à Bures, 3 *exemplaires*.

BARBIER, facteur à Londinières.

BEAURAIN (Emile), cordonnier à Fresnoy.

BEAURAIN, propriétaire à Notre-Dame-d'Aliermont.

MM.

BEAURIN (Clodomir), cultiv. à Sᵗᵉ-Agathe-d'Aliermont.

BIENAIMÉ, propr. à Bures.

BIENAIMÉ, propriétaire à Lucy.

BIGNON, curé à Sommery.

BISHOP (Edmond), Soho square 23, à Londres.

BLONDEL, curé à Saint-Jacques-d'Aliermont.

BLOQUEL (Albert), cultivateur à Croixdalle.

BOBIN, homme de lettres à Neuilly (Seine).

BOISSAY (Pierre), ancien facteur à Londinières.

BORÉLY, curé à Douvrend.

BOULANGER, cultivateur à Grandcourt.

BOULLAIS, herbager à Quiévrecourt.

MM.

BOURDET (Ernest), cultivateur à Bully.

BOURGEOIS, facteur à Envermeu.

BOUTIN (M<sup>lle</sup> Célina), à Osmoy-Saint-Valery.

BRIANCHON fils, cultivateur à Bures, 2 *exemplaires*.

BRIANCHON père, rentier à Bures.

BRIDOU (Alf.), charr. àBures.

CAHINGT (M<sup>me</sup>), rentière à Saint-Jacques-d'Aliermont.

CAILLE, inst. à Londinières.

CALTOT fils, à Croixdalle.

CAMPION, curé à Saint-Nicolas-d'Aliermont.

CANEL (A.), à Pont-Audemer (Eure).

CARMENT, charpentier à Neufchâtel.

CARPENTIER, ouvr. peintre aux Grandes-Ventes.

CARRON, fact. à Envermeu.

CARTENET, curé à Penly.

CASTEL, cafetier à Bures, 2 *exemplaires*.

CAUCHOIS (M<sup>me</sup> veuve), propriétaire à Neufchâtel.

CAULLE (Victor), potier à Martincamp, commune de Bully.

CHAPEL (Félix), cultivateur à Bures.

MM.

CLÉMENCE (Alf.), à Wanchy.

CLÉMENCE (J<sup>s</sup>), à Wanchy.

CLÉRET (Gustave), propriét. à Bouillencourt - en - Sery (Somme).

COCHET (l'abbé), inspecteur des monuments religieux, à Rouen.

COURDE (Victor.), à Fréauville, 3 *exemplaires*.

COURTIN, rentier à Grandcourt.

COUVREUR (Casimir), propriétaire-cultivateur à la Vieuville, commune de Fesques.

CRESSENT (M<sup>lle</sup> Julienne), à Fumechon.

CROIZÉ, instituteur à Sainte-Agathe-d'Aliermont.

DAVOUST, cultiv. à Bouelle.

DAVOUST fils, cultivateur à Sainte-Agathe-d'Aliermont.

DEBOUTTEVILLE, notaire honoraire à Neufchâtel.

DEBRAY, fact. à Envermeu.

DECAUX (Polycarpe), cultivateur à Bully.

DECORDE (Aimé), rentier à Beaubec-la-Rosière.

DECORDE, propriétaire à Forges-les-Eaux.

DECROUTELLE (Adr.), cult. à Mesnil-Follemprise.

MM.

DELABOS, cult. à Mesnières.
DELABOUGLISE, cultivateur à Osmoy.
DELAHAYE (Pierre), cultivateur à Mesnières.
DELAUNAY (Amour), cultivateur à Mesnil-Follemprise.
DELAUNAY (François), propriétaire à Bures.
DELAUNAY (Louis), rentier à Bures.
DELAUNAY fils, cultivateur à Bures.
DELAUNAY père, à Osmoy.
DELESTRE, pr. à Mesnières.
DERGNY, cult. à Grandcourt.
DESCHAMPS fils, à Avesnes.
DESCHAMPS, maire à Sainte-Agathe-d'Aliermont.
DESJARDINS, propriétaire à Fesques.
DIEPPE (la Bibliothèque publique de).
DROUET (Michel), cultivateur à Bures.
DRUAUT (Jean), propriétaire au Mesnil-Follemprise.
DUBOS, herbager à St-Saire.
DUBUC, cultivateur à Saint-Jacques-d'Aliermont.
DUJARDIN (August.), à Bellevue-Bosc-Mesnil.
DUMOUCHEL (Mme), propriétaire à Bully.

MM.

DUNET (Alexandre), cultiv. à Ste-Agathe-d'Aliermont.
DURAND (Aimé), cult. à Bures.
DUTHIL (Nicolas), propriétaire à Sommery.
DUVAL fils, cultivat. à Notre-Dame-d'Aliermont.
DUVAL (Jules), pharmacien à Versailles.
ELCOURT (Mme A. d'), à Neufchâtel.
FAUCONNET, curé à Mont-Cauvaire.
FERMENT (Mme veuve), à Fresnoy-Folny.
FERTÉ (Havard de la), à Caude Côte, 3 exemplaires.
FEUILLETTE père, propriét. à Neuville-Ferrières.
FIHU, maire à Notre-Dame-d'Aliermont.
FOUCAMBERT, facteur rural à Neufchâtel.
FOULON, md de fromages à la Hallotière.
FOUQUE, cultivateur à Fresnoy-Folny.
FOURCIN (Ch.), à Sommery.
FRIANVILLE, médecin à Envermeu.
FRION, curé à Assigny.
GALLET, cordonnier à Clais.
GARIN (l'abbé), curé de la Hallotière, 3 exemplaires.

MM.

GIRANCOURT (de), conseill. général, maire aux Essarts-Varimpré.

GLEN (M<sup>me</sup>), receveuse des postes à Envermeu.

GOUST (Stanislas), propriétaire au Château-du-Flot, commune de Bully.

GRÉBAUVAL, sculpteur sur bois aux Grandes-Ventes.

GUÉDON (Théodule), maître meunier à Ricarville.

GUIAN (Athanase), cultivat. à Bures, 3 *exemplaires.*

GUIAN (Eug.), cult. à Bures.

GUIAN (M<sup>me</sup> veuve Germain), propriétaire au Mesnil-lès-Neufchâtel.

HARDY (Michel), bibliothécaire-archiviste à Dieppe.

HAVET (Romain), proprié-à Bures, 2 *exemplaires.*

HÉBERT, agent de poursuites à Sainte-Agathe-d'Alierm.

HÉBERT, fact. à Londinières.

HEUDE (l'ab.), curé à Massy.

HOCQUELUS (d') père, à Caude-Côte.

JACQUEMET, curé à Limésy.

JOURNOIS (M<sup>lle</sup>), propriétaire à Neufchâtel.

JULIEN, propr. à S<sup>te</sup>-Agathe.

LAMIDÉE, cloutier à Londinières.

MM.

LAMOTTE (Louis), propriétaire au Val-Mineret.

LANGLOIS, curé à Bellengreville.

LANGLOIS, fac. à Envermeu.

LANGLOIS (Laure), à Osmoy.

LANGLOIS (Prosper), cultivateur à Smermesnil.

LANNEL, curé à Fresnoy-Folny.

LEBORGNE (M<sup>me</sup>), receveuse des postes à Londinières.

LECOEUR, curé à Bures.

LECOMTE (Dieudonné), à Osmoy.

LEDUC, à Gouchaupré.

LEDUEY, curé-doyen à Envermeu.

LEFEBVRE (Alfred), charpentier à Bures.

LEFEBVRE, boucher à Londinières.

LEFEBVRE (M<sup>me</sup> veuve), née MOTBEL, propriét. à Bures, 4 *exemplaires.*

LEFEBVRE (Magloire), cultivateur à Bures.

LEFEBVRE (Napoléon), propriétaire à N.-D.-d'Alierm.

LEFEBVRE (Prosp.-Amour), maçon à Bures.

LEFEBVRE (Victorien), propriétaire à Mesnières.

LÉGER, curé à Grandcourt.

MM.

LEGRAND (Onézime), aux Vieux-Ifs.

LEGROS (A.) fils, banquier à Fécamp.

LEMASSON, cultivateur à Saint-Saire.

LÉON (Laurent), épicier à Sainte-Agathe-d'Alierm.

LETALLEUR, cultivateur à Bures.

LETELLIER (Fl.), à Boissay.

LETELLIER, instit. à Massy.

LE PETIT, curé-doyen à Tilly-sur-Seulles (Calvados).

LETOUE (Gédéon), cultivateur à Bures.

LEULLIER (G.), entrepr. de peint. et vit. à Lillebonne.

LEVASSEUR (Bénoni), prop. à Baillent-Neuville.

LHOMO, curé à Biville-s.-M.

MABON, terrassier à Neufchâtel.

MACHARD, à Intraville.

MALAIS, curé à Martin-Église, 3 exemplaires.

MALLEVILLE, notaire à Envermeu.

MANNIER, peintre-décorateur aux Grandes-Ventes, 3 exemplaires.

MATTE, cultivat. à Osmoy.

MERLIER (Mlle Pauline), à Osmoy.

MM.

MERVAL (St. de), à Canteleu.

MILET, à la manufacture de Sèvres, près Paris.

MILHET, maire à Grandcourt

MONNIER, cultivat. à N.-D.-d'Aliermont.

MOREL, cultivateur à Rosay.

MOREL, rentier à Osmoy.

MORGON (Johannis), litiér. à Thoissey (Ain), 3 exempl.

MORISSE (Adalbert), cultiv. à Saint-Valery-sous-Bures.

MOUQUET (Louis), cultivat. à Notre-Dame-d'Aliermont, 2 exemplaires.

MOUQUET (V.), à Avesnes.

NÉEL, curé à Mesnières.

NOEL (Mme), rentière au Mesnil-Foilemprise.

PARISY-DUMANOIR, librair* à Foucarmont, 3 exempl.

PELLETIER (Léon), à Londinières.

PÉRIER (Mlle Delphine), à Grandcourt.

PÉRIER, secrétaire particul. de S. Em. le cardinal archevêque de Rouen.

PERRÉ (Théodore), cultivateur à Bures.

PETIT (Michel), cultivateur à Fresnoy-Folny.

PETITEVILLE, instituteur à Bellengreville.

MM.

PICARD, instit. à Mesnières.
PINCHON, cultivat. à Sainte-
Agathe-d'Aliermont.
PLANCHUT, propriétaire à
Fléac (Charente).
POYER, propriétaire à Saint-
Jacques-d'Aliermont.
QUINAL (Laurent), à Saint-
Valery-sous-Bures.
RAYMOND (M⁻ᵉ), épicière à
Londinières.
ROGER, curé à Frettemolle
(Somme).
ROYS (marquis des), député
de la Seine-Inférieure,
propriét. à Gaillefontaine.
SÉNÉCHAL (Mᵐᵉ veuve),
propriétaire à Bully.
SELLE, huissier à Envermeu.
SÉLECQUE (Joseph), culti-
vateur à Bures.
SELLIER, fact. à Londinières
SIMON (Léopold), proprié-
taire à Bures.
SOULLEZ (Ernest), à Sainte-
Agathe-d'Aliermont.
TERNISIEN, sellier à Neuf-
châtel.
THIÉVIN, à La Pierre-Grand-
court.

MM.

THILLARD, curé à Sainte-
Agathe-d'Aliermont.
TOUPAIN, Institut. à Notre-
Dame-d'Aliermont.
TOUTAIN (Albert), menuisier
à Sainte-Agathe-d'Allerm.
TURPIN (Théophile), cordon-
nier à Londinières.
VAGUE (Albert), cultivateur
à Maisoncelles.
VANET (Adolphe), proprié-
taire à Épinay, commune
de Londinières.
VARIN (Jules-Hip.), à Bures.
VARIN (Mᵐᵉ), née Émélie
HEDDE, à Maintru.
VASSELIN (Amédée), culti-
vateur à Puiseuval.
VASSELIN (Emile), cultiva-
teur à Clais.
VASSEUR, curé à Cuy-Saint-
Fiacre.
VENAMBRE (A.), tail. à Bures.
VÉPIERRE, horloger à Lon-
dinières.
VERDIER (J.-B.), cultivateur
à Osmoy.
VINCET, curé à Mauquenchy.
YVELIN (l'abbé), au château
de Mesnières.

www.ingramcontent.com/pod-product-compliance
Lightning Source LLC
Chambersburg PA
CBHW072035090426
42733CB00032B/1744